AF312693

8ᵉ Année. — 203. 17 Février 1912

L'ILLUSTRATION

THÉATRALE

Journal d'Actualités Dramatiques

PUBLIANT LE TEXTE COMPLET DES PIÈCES NOUVELLES
JOUÉES DANS LES PRINCIPAUX THÉATRES DE PARIS

Copyright by Tristan Bernard and Michel Corday, 1912.
Copyright by Georges Feydeau, 1912.

Prix du Numéro : UN FRANC. — Abonnement annuel : FRANCE, 36 francs; ETRANGER, 48 francs.

13, rue SAINT-GEORGES, PARIS (9ᵉ).

AU THÉATRE FEMINA

L'Accord parfait.

COMMENT l'auteur de tant de comédies profondes et légères, ironiques et fines que nos lecteurs connaissent, M. Tristan Bernard, fut-il amené à écrire la pièce que voici avec M. Michel Corday qui n'avait encore rien donné au théâtre mais qui avait en tant de dialogues épars manifesté ses facultés scéniques, et de qui *L'Illustration* a publié déjà deux romans (*les Frères Jolidan, la Mémoire du cœur*) dont l'acuité psychologique accroît singulièrement l'intérêt dramatique ? Ils l'ont l'un et l'autre expliqué dans la lettre suivante ; ils y ont, en outre, indiqué dans quelles conditions et dans quel esprit ils avaient composé ces trois actes :

« *L'Accord parfait* est une comédie de mœurs ironique.

» Son titre n'est pas du tout une allusion à de récents événements politiques. Elle est née d'un projet de collaboration entre deux écrivains de sport. Ils se sont connus à *l'Auto*, et ils ont eu l'idée de faire ensemble une pièce sur les sports — sports mécaniques et sports athlétiques — chacun de nous apportant son tribut de connaissances spéciales.

» Ils se sont mis résolument au travail, et ils ont fait une pièce... sur un tout autre sujet. Car les collaborations ont souvent des résultats imprévus. On se réunit pour travailler, et on s'empresse de parler de tout autre chose... La conversation nous ramène au travail, et le travail n'est pas toujours celui qu'on avait projeté.

» Mais qu'importe ! puisque, en fin de compte, nous voilà assez satisfaits de notre œuvre.

» Il y a peut-être des gens qui vont trouver notre pièce immorale, et il y en a d'autres sans doute qui vont la trouver très morale. A défaut de la Moralité, avec un grand M, je crois qu'on rencontrera beaucoup de petites moralités.

» Nous avons mis en scène des êtres un peu spéciaux, moins exceptionnels qu'ils n'en ont l'air, plus généraux, en tout cas, qu'ils ne le croient eux-mêmes. Car, au fond, c'est une vérité assez vieille que de dire que les hommes se ressemblent beaucoup.

» Si, depuis pas mal de temps, les hommes appellent d'autres hommes leurs semblables, c'est qu'il y a peut-être à cela une petite raison...

» Nous pensons que, parmi les tâches diverses de l'écrivain, une des plus intéressantes est de montrer comment des êtres soi-disant exceptionnels se rattachent toujours à l'humanité. »

****

Les critiques ont été unanimes à considérer, en effet, que cette pièce donne un reflet, extraordinairement fidèle et vivant, d'une très moderne humanité ; et les uns se réjouissent du spectacle parce qu'il est élégant et spirituel ; d'autres, tout en le goûtant également, s'en inquiètent, parce qu'ils y voient le symptôme d'une évolution des mœurs presque aussi flagrante qu'une révolution.

Ainsi, M. Léon Blum déclare, dans *Comœdia*, que cette œuvre, comique en apparence, pleine de mots et de traits d'un humour charmant ou profond, est si hardie dans son fond, et pose avec une sereine tranquillité des idées si graves qu'il n'a pu l'écouter sans une sorte de frisson :

« On n'y prend pas garde, tant la pièce est agréable et heureuse, tant les personnages sont faciles et nonchalants, tant MM. Tristan Bernard et Michel Corday ont apporté de tact et d'apparente insouciance à voiler leurs hardiesses très volontaires. Mais cependant, ce qui est dit reste dit, et je ne crois pas que jamais on ait fait accepter au public rien de plus audacieux. »

Et M. Adolphe Brisson, qui consacre, dans le *Temps*, un article considérable à l'étude de ces trois actes, convient aussi que cette pièce se présente sous l'aspect d'une jolie comédie de genre, pleine d'agrément et d'esprit, analogue à dix autres déjà jouées ; mais il estime qu'il n'est pas une œuvre qui soit, au point de vue des mœurs, plus nettement révolutionnaire :

« L'anarchisme indolent et souriant de M. Tristan Bernard et M. Brisson prie M. Michel Corday de prendre pour lui la moitié des observations et des compliments que, pour plus de commodité, il adresse au seul Tristan Bernard — cet anarchisme s'y épanouit avec une sorte de sérénité. Il semble que le délicieux écrivain se dise : les vérités contenues dans mon ouvrage sont désormais établies ; elles ont la force de l'évidence et presque la banalité du lieu commun ; il est superflu d'y insister. Jamais M. Tristan Bernard ne s'était montré si affirmatif tout ensemble et si paisible, n'avait enveloppé de formes plus aimables son nihilisme agressif. Car ne vous y trompez pas, cet auteur nonchalant et qui la grâce nous charme et la gaieté nous ravit, a des idées violentes. Traditions séculaires, principes ou préjugés de notre vieille morale, conventions ayant pour but de maintenir l'ordre social, toutes ces choses que de furieux coups de bélier n'ont pas ébranlées, le flegme de M. Tristan Bernard les énerve, les dissout, les détruit. Rien n'est plus curieux qu'un travail de désagrégation si énergique et poursuivi par des moyens en apparence si inoffensifs. On ne se méfie pas.

La comédie s'intitule *l'Accord parfait*. Ce pourrait être le titre d'une estampe galante de Fragonard. C'est, en effet, fort galant, mais nous allons voir de quelle façon, et tout ce que recouvrent ces légèretés, ces gentillesses, ces ironies. Il y a là une audace tranquille, très symptomatique, très « moderne. »

M. Adolphe Brisson, s'étant livré à l'analyse de ces trois actes, conclut :

« Une impression singulière se dégage de ce dialogue dont la hardiesse souriante et paisible eût soulevé jadis des orages. Vous figurez-vous la stupeur du public de 1865, ou de 1875, ou de 1880..., si on le lui avait offert ? L'indifférence amusée des spectateurs de 1911 indique l'étape parcourue, l'évolution accomplie. Ils n'éprouvent pas le besoin de s'insurger. Leur attitude est d'autant plus significative qu'ils sentent bien que l'exposé de ces principes, de ce traité conclu entre le mari, la femme et l'amant, que cette réglementation méthodique et si l'on peut dire familiale de l'adultère, que ces choses ne sont nullement paradoxales dans l'intention des auteurs. que ceux-ci ne blaguent pas, ne bluffent pas, qu'ils ne soutiennent pas une gageure, mais expriment sincèrement, et sans hypocrisie, ce qu'ils pensent. »

M. Robert de Flers qui, dans le *Figaro*, juge cet ouvrage moins en moraliste et plus en homme de théâtre, enregistre que *l'Accord parfait* a obtenu un petit triomphe, et poursuit :

« Ces trois actes sont d'une ironie si juste, si aisée, le ton en est si mesuré et si exact, qu'après avoir été très diverti par la plus osée des situations nous avons fini par en être presque ému. Cela, c'est le propre des classiques. Tristan Bernard ne tardera pas à être un classique.

» *L'Accord parfait*, après un acte de fine et de claire exposition, nous, a donné, au deuxième, l'occasion d'entendre une des scènes les plus jolies et les plus tendres que nous ayons entendues depuis longtemps. Et voici précisément ce qu'il y a de tout à fait supérieur dans cette comédie : c'est qu'on y sent toujours la présence d'une ironie très fine et d'une sensibilité très délicate, sans que jamais cette ironie ne dessèche cette sensibilité. Comment MM. Tristan Bernard et Michel Corday ont-ils réalisé ce joli tour de force ? Tout simplement en ne mettant de l'ironie que dans les situations, sans la laisser jamais déborder sur les personnages, et en prêtant à ceux-ci toute la sincérité et toute la simplicité possibles. Cela évidemment ainsi formulé ne semble pas une trouvaille bien extraordinaire. C'est cependant à une trouvaille de cette sorte que nous devons deux chefs-d'œuvre de genre différent : *la Parisienne* et *Divorçons !* »

(Voir la suite à l'avant-dernière page de la couverture.

L'ACCORD PARFAIT

COMÉDIE EN TROIS ACTES

par

TRISTAN BERNARD et MICHEL CORDAY

M Signoret.   Mlle de Bray.   M Lamothe.   PHOT. FEMINA.
(Achille.)   Alberte.)   Maurice.

LES TROIS PRINCIPAUX INTERPRÈTES DE « L'ACCORD PARFAIT »

PERSONNAGES

Achille	MM. SIGNORET.	Alberte	Mmes YVONNE DE BRAY.
Maurice Marin	HENRY LAMOTHE.	Irma	JEANNE DIRMER.
Clément	GUYON fils.	Celina	CARMEN SILVA.
	Thouvelin	M HARDOUX.	

L'Accord parfait *a été représenté pour la première fois, le 25 novembre 1911, au Théâtre Femina.*

Scène II. — Maurice : « *Il faut que tu prennes une résolution et tu n'aimes pas ça.* »

L'ACCORD PARFAIT

ACTE PREMIER

La scène représente un salon très élégant, au Champ de Mars. Au fond, le salon communique par une baie avec une autre pièce. Cette pièce est éclairée par une large porte-fenêtre, à gauche, conduisant à un jardin. Les arrivants sont censés venir du dehors en traversant cette pièce du fond et en entrant par une porte à droite que l'on n'aperçoit pas de la salle.

Scène première

CLÉMENT, CÉLINA

CLÉMENT, cinquante-cinq ans, chapeau haut de forme, tenue un peu râpée. — Le patron, sûrement, est sorti.

CÉLINA. — Oui, monsieur Clément, monsieur est sorti en auto avec madame.

CLÉMENT. — Avec madame... et M. Marin?

CÉLINA. — Avec madame et M. Marin.

CLÉMENT. — Naturellement! Est-ce que vous savez si le patron a signé les papiers que j'ai laissés là, sur la petite table?

CÉLINA. — Oh! je ne crois pas, monsieur Clément.

CLÉMENT. — Non, naturellement!

CÉLINA. — Il est rentré en retard pour déjeuner, et puis, après, il a été question de sortir en auto, et M. Marin a dit: « Dépêchons! Dépêchons! » Alors, monsieur s'est dépêché. Je crois qu'ils allaient visiter une maison de campagne.

CLÉMENT. — Une maison de campagne! Quand on a déjà une maison au Champ-de-Mars... et d'ailleurs, quand on ne comprend rien à la campagne.

CÉLINA. — Vous aimez la campagne, vous, monsieur Clément?

CLÉMENT. — Je serais capable de la comprendre, comme toutes les personnes qui n'ont pas les moyens d'y aller... Il y a encore du monde dans la maison?

CÉLINA. — Du monde?

CLÉMENT. — Oui, j'entends marcher, là-haut.

CÉLINA. — Eh bien, c'est les cousins de madame qui s'habillent pour sortir.

CLÉMENT. — Ah! oui! Les Thouvelin? Ah! Ah! (Il ricane.) Ils ne sont pas encore partis, ceux-là. Voilà une bonne semaine qu'ils sont ici, je suis sûr qu'ils étaient venus pour quarante-huit heures.

CÉLINA. — Ils s'amusent peut-être à Paris.

CLÉMENT. — Pensez-vous que des gens comme ça puissent s'amuser à Paris? Ils sont trop serrés, trop sur leurs pièces... Ils ne marchent que dans les distractions à l'œil. Aussitôt que ça coûte plus de cinquante centimes d'entrée, ils renâclent. Ce sont de bons râleux des départements... Ici, ils sont logés et nourris, je ne dis pas remarquablement, mais abondamment. En partant, ils donneront cent sous à chaque domestique et s'en retourneront tout glorieux, sans se presser, dans leur patelin. Ils viennent à Paris pour faire des économies, que je vous dis. Apprêtez-vous donc à recevoir cent sous.

CÉLINA. — Vous êtes gai.

CLÉMENT. — Et les airs qu'ils se donnent de gens

avancé, au-dessus des préjugés ! leurs manières d'avant-garde, comme on dit ! Ah ! ils sont comme tous les provinciaux ; ils ne veulent pas être de leur province. (Regardant le bouquet posé sur la table.) Qu'est-ce que c'est que ça ?

CÉLINA. — Des fleurs !.

CLÉMENT. — Je vois bien que ce sont des fleurs, mais comment ça a-t-il poussé ?

CÉLINA. — On les a apportées tout à l'heure, C'est monsieur qui les offre à madame pour leur anniversaire de mariage.

CLÉMENT. — Il lui donne des fleurs pour leur anniversaire de mariage ? Ah ! Ah ! (Il ricane.)

CÉLINA. — Qu'est-ce qu'il a à ricaner ?

CLÉMENT. — Eh bien, je trouve le patron très gentil... vraiment très gentil... Quant à M. Marin, il n'a pas apporté de fleurs. Ce n'est pas son anniversaire, à lui... Je sais à peu près quand c'est, son anniversaire: c'est l'été. Ça s'est passé il y a deux ans, quand le patron les a laissés seuls à Cabourg.

CÉLINA. — Oh ! Il est toujours à raconter des choses...

CLÉMENT. — Ce n'est pas vrai, peut-être ?

CÉLINA. — Je ne sais pas si c'est vrai, mais ce n'est pas à dire, et, en tout cas, vous n'en êtes pas sûr. Personne ne peut affirmer ça.

CLÉMENT. — Il est évident qu'on ne les a pas pincés en flagrant délit. Ils ne vont pas s'amuser à quatre heures sur la promenade publique, comme la musique militaire. Vous comprenez qu'ils se surveillent, et ils ont bien raison; seulement, dame... Enfin ! c'est leur affaire. (Un bruit d'auto. Clément va à la fenêtre.) Ah ! les voilà ! les voilà tous les trois ! Le patron est devant, il est cramponné au volant, et les deux autres sont derrière, vautrés... Tableau édifiant !... Moi, je m'en vais dans le bureau... Chaque fois qu'ils descendent d'auto, ils ont toujours des petites discussions... passionnantes... sur les routes qu'il fallait prendre, sur la distance en kilomètres... C'est intéressant ! Je ne veux pas assister à cette petite scène de famille.

CÉLINA. — Faudra-t-il vous envoyer monsieur ?

CLÉMENT. — Non, non, je ne peux rien faire sans qu'il ait signé les pièces... alors, je ne suis pas pressé qu'il vienne les signer. Je les remets là, comme d'habitude. J'ai mon temps, vous savez, je suis payé au mois.

Il sort par la porte de droite, pendant qu'Alberte, Achille et Maurice entrent par la porte de gauche.

Scène II

ACHILLE, ALBERTE, MAURICE

Maurice et Alberte ont l'allure dégagée. Maurice est en élégant pardessus d'auto. Il porte un feutre coquet. Achille a des lunettes énormes, relevées sur sa casquette, une longue blouse claire, comme en portent actuellement les chauffeurs. Elle est maculée de cambouis, d'huile et de poussière.

MAURICE, entrant. — Ainsi, tiens, à la Patte-d'Oie, là-bas... Tu ne connais pourtant que ça, ce croisement... Eh bien, non, il a fallu que tu stoppes devant le poteau pour déchiffrer toutes les indications...

ACHILLE. — C'est si ennuyeux de faire de la marche arrière quand on s'est trompé.

MAURICE. — Mais on ne se trompe pas, voyons !

Et ce n'est pas ça qui te paralyse, au fond... Seulement, chaque fois qu'il y a un croisement de route, il faut que tu prennes une résolution, et tu n'aimes pas ça. Quand on se trouve devant un obstacle, c'est la même histoire. Tu es à te demander: est-ce que je prendrai à droite ? Est-ce que je prendrai à gauche ? Et tu t'arrêtes devant.

ACHILLE. — Oui, mais, au moins, je n'entre pas dedans.

MAURICE. — D'accord, mais, dans ce cas-là, on n'avance pas, ce n'est pas la peine de faire de l'auto.

ALBERTE. — Le fait est, Achille, que si Maurice n'était pas dans ton dos pour décider à ta place...

MAURICE. — Eh bien, qu'est-ce que vous voulez, on ne se refait pas. Moi, je suis né comme ça; j'ai le sens de l'orientation, c'est un instinct, comme chez les pigeons voyageurs.

ACHILLE. — Dis aussi que tu as la carte sous les yeux.

MAURICE. — Mais non, mon ami, même quand je n'ai pas de carte, je vois aussi clair et aussi juste. Quand tu aperçois une poule à quatre cents mètres, ce sont des fanfares de trompe à n'en plus finir.

ALBERTE. — Et, l'autre jour, quand il s'est arrêté en voyant un troupeau de moutons.

ACHILLE. — Les moutons sur la droite, on dit que c'est mauvais signe.

ALBERTE. — Alors, tu attendais qu'ils veuillent bien passer à gauche.

MAURICE. — Il ralentit également quand il passe n'importe quelle voiture... A ta place, je renoncerais à l'auto et je prendrais un bon phaéton attelé d'un demi-sang normand.

ACHILLE. — Non, parce que j'aurais peur des autos.

MAURICE. — Et, ce qu'il y a de rigolo, c'est que les voitures doivent avoir rudement peur de toi... Tu vas doucement sur la route, mais tu as l'air de guetter les cochers pour les renverser... Avec ce système-là, on ne fait pas beaucoup de chemin... Sans moi, nous serions encore là-bas à visiter cette villa.

ALBERTE. — Est-ce qu'elle vous plaît, Maurice ?

ACHILLE. — Eh bien, oui, au fait : loue-t-on ? ou ne loue-t-on pas ?

MAURICE. — Elle n'est pas mal; elle est confortable, en somme, et bien distribuée, joliment située.

ACHILLE. — Et toi, Alberte, qu'est-ce que tu en dis ?

ALBERTE. — Je la trouve bien; c'est près d'une gare.

ACHILLE. — C'est commode pour les communications avec Paris, mais on entend le bruit des trains.

MAURICE. — Il n'en passe pas souvent sur cette ligne.

ACHILLE. — Alors, ce n'est pas commode pour les communications !

MAURICE. — Résumons-nous. Tu préfères ne pas louer ?

ACHILLE. — La villa a ses avantages... on est bien chez soi.

ALBERTE. — Pas de voisins !

ACHILLE. — Mais, alors, on est un peu isolé... Ça doit être triste à la longue... Si on pouvait faire du jardinage.

ALBERTE. — Mais il y a de très jolies fleurs dans le jardin.

Achille. — Oui, mais ça doit être un aria pour les entretenir.

Maurice. — Décidément, on ne loue pas ?

Achille. — La vue est si belle !

Alberte. — Le fait est que la vue est magnifique.

Achille. — Mais l'intérieur est bien moche.

Alberte. — Qu'est-ce que tu veux, les maisons toutes meublées...

Achille. — Ces gravures, ces photographies de gens qu'on ne connaît pas, ces meubles qui ne sont plus neufs et qui ne sont pas encore assez anciens.

Maurice. — Il y a une salle de bains !

Achille. — La bonne femme qui faisait visiter m'a dit qu'il fallait quatre heures pour chauffer un bain... J'aime mieux ne pas y compter, j'emporterai mon tub.

Maurice. — Alors, on loue ?

Achille. — Je veux bien. Mais, quand la cuisinière verra la cuisine au sous-sol ? Et, vous savez, on n'a qu'un puits pour l'eau... Qu'est-ce que c'est que ce puits ? Il faudra faire bouillir notre eau à boire, et le fourneau de la cuisine est bien petit.

Maurice. — Alors, je vois que tu es d'avis d'y renoncer.

Achille. — C'est si embêtant de chercher. Si je loue, est-ce que c'est toi qui iras à l'agence pour débattre le prix ?

Maurice. — Je suis à ta disposition.

Achille. — Oui, parce que, tu sais, s'il faut batailler pour les prix, discuter les réparations, j'aime mieux passer l'été à Paris !

Maurice. — Alors, j'irai à l'agence demain.

Achille. — Tu ne peux pas y aller maintenant ?

Maurice. — Bon ! bon ! je vais y passer.

Achille. — Comme ça, on n'en parlera plus !

Maurice. — C'est à deux pas d'ici, j'y vais et je reviens.

Maurice sort. Les Thouvelin entrent par la gauche.
Irma tient son chapeau à la main.

Scène III

ALBERTE, ACHILLE, LES THOUVELIN

Irma. — Vous, déjà ? Oh ! mais, c'est merveilleux ! Avec ces autos, il n'y a vraiment plus de distance.

Achille. — Oh ! plus de distance !

Thouvelin. — Oh ! mais, voilà des fleurs magnifiques... En quel honneur ?

Alberte. — C'est notre anniversaire de mariage.

Thouvelin. — Oh ! comment n'ai-je pas su cela ?

Irma, *bas à Thouvelin.* — Mais, je te l'avais dit.

Thouvelin lui fait signe de se taire.

Alberte. — Et c'est bel et bien notre septième anniversaire.

Thouvelin. — Vous avez bien compté, voyons, il n'y a pas sept ans que vous êtes mariés...

Achille. — Nous nous sommes mariés en 1904, vous n'avez qu'à compter.

Thouvelin. — 1904 et sept... 1911... 1911 moins sept... 1904.

Achille. — Oh ! vous aurez beau les retourner dans tous les sens...

Thouvelin. — Eh bien, dites donc, si vous voulez avoir des enfants, il faudrait peut-être vous en occuper.

Alberte. — Je ne dirai pas qu'on n'a jamais pensé qu'à ça, mais je crois qu'on a fait ce qu'on a pu... Maintenant, nous pouvons y renoncer.

Irma. — A qui la faute ?

Alberte. — Oh ! les prévisions sont plutôt contre moi ; aucune de mes sœurs n'a eu d'enfant, tandis que les frères d'Achille ont reproduit comme des esturgeons.

Achille. — Vous avez à parler, vous qui faites les malins ! Vous vous êtes contentés d'un rejeton... Et en combien d'années de mariage ? Dites ? Dix ou douze ans ?

Irma. — Eh ! là ! Eh ! là !

Achille. — J'ai été trop loin ?

Thouvelin. — Quatorze ans !

Irma. — Mais, est-ce qu'on te demande de préciser, à toi ?

Alberte. — Mais quel âge a votre petit garçon ?

Irma. — Huit ans bientôt.

Achille. — Eh bien, alors, vous ne l'avez pas eu tout de suite... les professeurs de procréation...

Thouvelin. — Oh ! je vous demande pardon, il y en avait eu un avant... seulement, celui-là est resté en route.

Achille. — Il ne compte pas, celui-là.

Thouvelin. — Il compte pour moi. Mais il vaut mieux ne pas parler de ça, ça fait de la peine à Irma, bien qu'elle ne l'ait pas connu... Pauvre petit garçon... ou pauvre petite fille !

Alberte. — C'est égal, en dehors de ce passe-temps, qui consiste à vous offrir un enfant tous les huit ans, vous ne devez guère vous amuser à Villeneuve-sur-Saône.

Irma. — Eh bien, Guillaume a son musée.

Achille. — Je me suis toujours demandé ce qu'un conservateur de musée pouvait faire dans un musée... Les visiteurs, eux... ils ont quelquefois des choses à regarder, mais un conservateur ?

Thouvelin. — Mon vieux, je travaille quinze heures par jour.

Achille. — Vous êtes fonctionnaire, et vous travaillez quinze heures par jour...

Thouvelin. — Je travaille à mes collections d'insectes.

Achille. — Ah ! bien, ça n'a pas le moindre rapport avec vos fonctions.

Thouvelin. — Je vous demande pardon. Quand j'ai été nommé au musée de Villeneuve, les vieux meubles de ce château historique étaient en proie à des quantités d'insectes invisibles... J'ai dû m'occuper de cela et étudier de près ces insectes pour trouver le moyen de les détruire.

Achille. — Et vous vous y êtes tellement intéressé, à ces petites bêtes, que, maintenant, vous les entretenez.

Thouvelin. — Je ne vais pas jusque-là...

Achille. — Je vous demande pardon si je regarde l'heure... Oh ! j'ai tout de même le temps... Il faut que j'aille voir un client cet après-midi. Vous me permettez de signer quelques pièces ?

Thouvelin. — Et nous, n'oublions pas notre visite à la tante Emilie.

Achille. — Oh ! il y a bien deux ans que je n'ai été la voir, la tante Emilie.

Thouvelin. — Vraiment ?

Achille. — Mais oui. On ne voit que les parents qui habitent à quelques centaines de lieues. Ceux qu'on a sous la main, on est tranquille, on n'a pas à penser à eux.

Irma. — Vous voyez surtout vos amis ?

Alberte. — Pas énormément... En dehors de

Maurice Marin, qui vient à peu près tous les jours, nous n'avons pas d'amis intimes.

IRMA. — M. Marin est garçon ?

ALBERTE. — Oui.

THOUVELIN. — Et je suis sûr qu'il ne se mariera jamais.

IRMA. — Qu'en sais-tu, Guillaume ? Il est encore jeune.

ALBERTE. — Il a trente-sept ans.

THOUVELIN. — Trente-sept ans ? Tiens ! Je ne le croyais pas plus âgé qu'Achille. Et vous n'avez encore que trente-trois, trente-quatre ans, vous ?

ACHILLE. — Trente-deux.

THOUVELIN. — Je pensais que vous étiez camarades de lycée, M. Marin et vous !

ALBERTE. — Ils se sont connus à l'école de Droit. Quelques années plus tard, ils se sont retrouvés dans la même compagnie d'assurances... Achille était à la vie, et Maurice Marin aux accidents.

THOUVELIN. — Chacun son goût !

ALBERTE. — Depuis, ils ont pris chacun une agence.

IRMA. — C'est un très bon ami pour vous, M. Marin ?

ALBERTE. — Oh ! un ami excellent.

THOUVELIN. — A Villeneuve, nous avons beaucoup de relations, mais, des vrais amis, nous n'en avons pas... Que voulez-vous, les ménages que l'on pourrait fréquenter sont si ennuyeux. Quant aux célibataires... (Il se tait.)

ALBERTE. — Les célibataires ?

THOUVELIN. — Eh bien, oui, à Villeneuve, on a moins de liberté qu'à Paris. On pourrait difficilement recevoir, d'une façon continue, un célibataire dans un ménage.

ALBERTE. — Comme nous, Maurice Marin ?

THOUVELIN, après un moment d'embarras qu'il surmonte. — Oui, par exemple, comme vous, M. Marin. Oh ! les gens de province ont une étroitesse d'esprit ! C'est absurde ! C'est idiot ! Mais, nous, avec notre indépendance, nous ne serons jamais les plus forts.

ALBERTE. — C'est un des avantages de Paris. C'est peut-être pour cela que la province se dépeuple... Vous permettez ? Nous allons nous débarrasser de la poussière de la route.

THOUVELIN. — Je vous en prie.

Scène IV

LES THOUVELIN

IRMA. — Eh bien, tu as vu ?

THOUVELIN. — Qu'est-ce que j'ai vu ?

IRMA. — Eh bien, les fleurs... C'est une gaffe... Nous sommes chez Alberte depuis une semaine... La déveine veut que son anniversaire de mariage tombe juste pendant cette semaine-là, et nous ne lui avons rien donné.

THOUVELIN. — On ne souhaite pas l'anniversaire de mariage, ce n'est pas une fête !

IRMA. — Merci. Enfin, il faut absolument que nous leur fassions une politesse.

THOUVELIN. — Quoi ?

IRMA. — On pourrait les inviter à dîner au restaurant.

THOUVELIN. — Fichtre ! Mais, est-ce que c'est indispensable, à ton avis ?

IRMA. — Oh ! indispensable !

THOUVELIN. — Eh bien, c'est gai ! Où les inviter ? Quand nous dînons dehors, tous les deux, au restaurant, nous trouvons de bons petits établissements à trois francs cinquante, compris le vin. C'est, d'ailleurs, aussi bien que dans n'importe quel restaurant. Seulement, du moment qu'on les invite, on ne peut pas les traiter à prix fixe... Ce n'est pas pour l'argent...

IRMA. — C'est pour l'argent !

THOUVELIN. — Ce n'est pas complètement pour l'argent, je t'assure. Je déteste commander sans savoir où je vais... C'est l'inconnu... C'est un peu effrayant.

IRMA. — Voyons, mon ami, il faut tout de même savoir faire un sacrifice, et même avec une politesse, notre voyage nous aura coûté beaucoup moins cher qu'un séjour à l'hôtel : voilà ce qu'il faut se dire. D'ailleurs, quand on est quatre, on ne demande pas pour quatre, bien entendu, on demande pour trois.

THOUVELIN. — Oui, mais si on apporte trois filets de sole ou trois ris de veau quand on est quatre, ça ne fait pas bon effet, la quatrième personne a l'air d'avoir été punie. Enfin, quand est-ce qu'il faut que je les invite ?

IRMA. — Ce soir.

THOUVELIN, sombre. — Ce soir ?

IRMA. — Oui, ce soir, s'ils sont libres. Comme ça, nous aurons l'air de fêter leur anniversaire.

THOUVELIN. — Eh bien, fêtons-le... Mais, écoute, j'y pense... Et Maurice Marin, est-ce qu'il faut l'inviter, lui ?

IRMA. — Depuis une semaine, je l'ai vu ici tous les jours. Il est de toutes les expéditions au dehors ; on peut le considérer comme de la maison... Dis-moi, est-ce que tu crois qu'il y a quelque chose entre Alberte et lui ?

THOUVELIN. — Je me le suis déjà demandé.

IRMA. — Et qu'est-ce que tu t'es répondu ?

THOUVELIN. — Je ne me suis pas répondu. Et toi ?

IRMA. — Moi aussi, je flotte.

THOUVELIN. — Tu vois comme c'est compliqué, tout de même, quand on se met à inviter les gens à dîner.

IRMA. — Mais non, ce n'est pas compliqué. C'est même très simple : ou il y a quelque chose entre eux, ou il n'y a rien...

THOUVELIN. — Ça, c'est inattaquable !

IRMA. — Eh bien, dans le doute, il faut inviter Maurice Marin. Supposons qu'on ne l'invite pas...

THOUVELIN. — Je suppose...

IRMA. — Et qu'il y ait vraiment quelque chose entre eux... Alors, c'est une soirée ratée, ce sont des frais inutiles... Alberte ne cessera d'être morne, maussade, et elle ne nous saura aucun gré de notre invitation, au contraire. Et, même, es-tu sûr qu'au dernier moment elle ne nous fasse pas le coup de la migraine, pour ne pas venir du tout ? Tandis que, si nous invitons Maurice Marin, elle sera épanouie, pleine d'entrain, de bonne humeur, et elle nous aura beaucoup de reconnaissance. Elle est même capable de ne plus nous laisser partir, après ça... Et puis, il n'y a pas à discuter, mon ami, à Paris, c'est l'usage, on ne met jamais une femme à côté de son mari. On s'arrange toujours pour la mettre à côté de son ami... c'est ce que les maîtresses de maison appellent « faire leur table ». C'est tout un art !

THOUVELIN. — Tu as raison... tu as raison... Invitons Maurice Marin... De toutes façons, ce sera plus convenable... Et puis, une fois qu'on s'est lancé dans les folies... (*Après réflexion.*) Seulement, je ne sais pas si, quand on est cinq, on peut encore demander pour trois.

Scène V

LES THOUVELIN, ALBERTE, ACHILLE, puis MAURICE

ALBERTE. — Et voilà! On fait semblant d'enlever la poussière, on se met tout bonnement un petit peu de poudre sur le nez, et, tout de suite, ça va mieux... Qu'est-ce que vous complotez, tous les deux?

THOUVELIN. — Ah! Ah! Voilà!... Vous voulez le savoir?... Eh bien, nous complotons une petite partie pour fêter votre anniversaire... Si nous allions dîner tous ce soir au cabaret? (*A Irma.*) J'ai dit au cabaret exprès, c'est tout de suite moins fastueux!...

ALBERTE. — Mais... c'est-à-dire...

IRMA. — Et si M. Marin voulait bien être des nôtres... J'espère qu'il sera libre?...

ALBERTE. — Je crois qu'il n'a pas d'engagement pour ce soir, qu'il acceptera avec plaisir... vous lui êtes très sympathiques... (*On sonne.*) D'ailleurs, c'est lui très probablement, il a dit qu'il allait revenir... (*Entrée de Maurice, baisemain, poignées de main.*) Mon cher ami, mes cousins nous font l'amitié de nous inviter tous les trois pour dîner, ce soir. Etes-vous libre?

MAURICE. — Mais, bien sûr... Madame, monsieur, je suis charmé, enchanté, et surtout très touché que vous ayez pensé à moi, que vous connaissez depuis si peu de temps.

ALBERTE. — Oh! mes cousins vous connaissent bien mieux que vous ne pensez... Tout à l'heure encore nous parlions de vous...

MAURICE. — Vous parliez de moi?

ALBERTE. — Oui, oui, de vous! Mes cousins nous enviaient de recevoir si souvent un ami intime. Il paraît que ce n'est pas possible en province, et que tout célibataire admis dans un ménage est nécessairement l'amant de la dame.

THOUVELIN. — Non, voyons, on ne va tout de même pas jusque-là!...

MAURICE. — Alors, les malheureuses dames de Villeneuve, qu'est-ce qu'elles ont dans la vie? Elles ne peuvent pécher qu'avec des hommes mariés.

ACHILLE. — Oh! Ecoutez! Ecoutez! Nous sommes tous à Paris, maintenant, nous ne sommes pas en province, et vous êtes là à ragoter, à potiner, comme si vous étiez des gens de Villeneuve... Oh! quel sujet intéressant! Et quel dommage de s'arracher à cette conversation passionnante pour aller vaquer à des affaires!... Il faut que je sorte... à tout à l'heure...

THOUVELIN. — Eh bien, il faut que je parte aussi... Est-ce que tu viens, Irma?

ACHILLE. — Après la visite à tante Emilie, qu'est-ce que vous faites?

THOUVELIN. — Nous avons un petit projet: nous allons faire le tour de Paris en métro...

MAURICE. — Mais vous n'allez pas voir grand'chose, excepté dans les parcours aériens...

THOUVELIN. — Non, c'est simplement pour aller en métro.

IRMA. — A tout à l'heure, Alberte, nous reviendrons nous habiller pour dîner...

ALBERTE. — Eh bien, oui, c'est cela. On se donnera rendez-vous ici.

ACHILLE. — Alberte, je vais chez Caudivier. Mais, auparavant, j'ai un coup de téléphone à donner...

Il s'en va par la droite.

IRMA, *bas à Thouvelin.* — Tu as vu comme Achille était nerveux... Je suis sûr qu'il doit être jaloux... Mais je n'ai pas l'impression qu'il y ait quelque chose entre les deux autres...

THOUVELIN. — Non... mais, dis donc, alors, nous avons peut-être eu tort d'inviter Maurice Marin?

IRMA. — Une politesse est toujours utile.

Ils sortent par le fond.

Scène VI

MAURICE, ALBERTE

Maurice, l'instant d'après, s'approche d'Alberte et la prend dans ses bras.

MAURICE. — Petit bec chéri!...

ALBERTE. — Petite bec aimée!...

MAURICE. — Tu n'es pas gentille, aujourd'hui, avec moi.

ALBERTE. — Pourquoi ça, ma petite reine?

MAURICE. — Tu n'as pas eu ton bon regard quand je suis rentré, tout à l'heure.

ALBERTE. — C'est ça... c'est ça!... Il fallait sortir mon bon regard devant les Thouvelin... Ça ne fait pourtant pas partie des curiosités de Paris, ça...

MAURICE. — Qu'est-ce que tu penses qu'ils croient, les Thouvelin?

ALBERTE. — Oh! Je suis bien tranquille, tu sais... Ils ont peut-être un tout petit, tout petit soupçon... mais je n'ai pas été maladroite avec eux... J'ai abordé la question devant eux, tout à l'heure, du ton le plus franc. Maintenant, ils doivent être persuadés qu'il n'y a rien entre nous, heureusement, tu sais!

MAURICE. — Pourquoi, ce sont de méchantes gens?

ALBERTE. — Non, ce ne sont pas de méchantes gens, ils sont simplement très mauvaises langues... Tu comprends, ils n'ont pas grand'chose à faire dans la vie... Il n'a jamais eu de maîtresse... Elle n'a jamais eu d'amant... Alors, ils parlent des autres personnes, et, naturellement, cela les soulage, de dire sur leur prochain les choses les plus effroyables... Je suis sûre que si, tout à l'heure, je n'avais pas parlé de toi carrément, eh bien, à la prochaine occasion, ils auraient marché à fond de train contre nous... Seulement, n'est-ce pas, j'ai pris les devants... Ils ont senti que je les traitais en amis... Maintenant, si on nous attaque devant eux, je suis sûre qu'ils nous défendront.

MAURICE. — Tu m'aimes, bec?

ALBERTE. — Ce n'est pas la question.

MAURICE. — C'est toujours la question... Tu m'aimes, petite bec?

ALBERTE. — Je t'adore!... (*Ils se baisent longuement les lèvres. Alberte se dégage tout à coup, en levant la tête.*) J'ai oublié de dire à la cuisinière qu'on ne dînait pas.

MAURICE. — Ah! c'est à ça que tu penses en m'embrassant?

ALBERTE. — Non, mais, c'est que je vais te dire...

MAURICE. — Ecoute, mon petit, moi, quand je t'embrasse, je pense à ce que je fais.

ALBERTE. — Mais, moi aussi, voyons. Oh! qu'elle est méchante!... Tiens!... (*Elle lui baise encore les lèvres.*) Tiens! regarde, si je pense à ce que je fais.

MAURICE. — Elle est gentille, cette petite bec... (Il la prend dans ses bras.) Je crois que je vais avoir beaucoup de sympathie pour cette personne. En tout cas, je crois que je ne vais avoir pour elle aucune espèce d'éloignement... Si on allait chez nous?...

ALBERTE, toujours dans ses bras. — Demain.

MAURICE. — Pourquoi ça, demain?

ALBERTE, sérieuse. — Demain, chéri, les Thouvelin ne déjeunent pas ici... Je pourrai sortir de bonne heure.

MAURICE. — Est-ce que tu m'aimes un petit peu? (Ils s'embrassent. Tout à coup, on entend du bruit dans le fond. Tous deux se désenlacent vivement. Maurice, la voix changée, et sans trop savoir ce qu'il dit.) Quelles nouvelles?

ALBERTE, de même. — Aucune, aucune nouvelle...

MAURICE, d'un ton faussement dégagé. — Savez-vous quand ouvre l'exposition des fleurs?

ALBERTE. — L'année prochaine.

MAURICE. — Celle de cette année...

ALBERTE. — Bientôt, je crois...

MAURICE. — Nous ne manquerons pas d'y aller, n'est-ce pas?

ALBERTE. — C'est une idée.

MAURICE. — C'est une très bonne idée.

ALBERTE, gagne le fond et, tout en pensant à autre chose. — C'est une idée excellente. (A mi-voix.) Il n'y a plus personne...

MAURICE, de même. — Qui est-ce qui a pu passer par là?

ALBERTE, de même. — C'est effrayant. Quelqu'un est venu, certainement. Tu avais raison quand tu me disais...

MAURICE, bas. — Il faut me dire: vous.

ALBERTE. — Mais je te dis des choses assez compromettantes par elles-mêmes...

MAURICE. — Cela ne fait rien... le « tu » s'entend trop!

ALBERTE. — Alors vous aviez raison, quand vous me disiez qu'il valait mieux ne pas s'embrasser dans cette pièce.

MAURICE. — C'est stupide... c'est de la folie...

ALBERTE. — Quel malheur de s'être laissé pincer!... Nous qui depuis deux ans... Mais, sais-tu...?

MAURICE. — Vous, vous..

ALBERTE, effarée, sans comprendre. — Vous, vous?

MAURICE. — Dites-moi vous... Dites-moi vous!...

ALBERTE, de même, toujours bas. — Je veux bien te dire vous, mais je ne sais plus du tout ce que je disais.

MAURICE. — Tu disais... (Tapant du pied avec impatience.) Vous me disiez... vous me demandiez si je savais...

ALBERTE. — Sais-tu qui a pu nous voir?

MAURICE. — Je n'en ai aucune idée...

ALBERTE. — On était si tranquilles!... On était trop tranquilles. On ne pensait pas qu'une pareille chose arriverait jamais!

MAURICE. — C'est absurde de n'avoir pas pris plus de précautions... pour une fois...

ALBERTE. — Qu'est-ce qui va arriver?

MAURICE. — Rassure-toi.

ALBERTE. — Rassure-toi... Rassure-toi!... Il me dit: « Rassure-toi!... » Est-ce que tu es rassuré, toi? Voilà quelqu'un...

MAURICE. — Qui est-ce encore?

Achille apparait à la baie. Il regarde Alberte et Maurice, qui paraissent atterrés.

Scène VII

MAURICE, ALBERTE, ACHILLE

ACHILLE. — Qu'est-ce qui vous arrive?

MAURICE. — Une chose très grave... Figure-toi qu'on nous a vus nous embrasser...

ACHILLE, après un silence. — Vous êtes bien embêtants...

MAURICE. — Qu'est-ce que tu veux!... On ne pouvait pas se douter... c'est quelqu'un qui est passé dans la pièce du fond... Je ne sais pas qui... un moment, j'avais espéré que c'était toi.

ACHILLE. — J'étais au téléphone.

MAURICE. — Ce n'était pas les Thouvelin. Ils étaient sortis.

ALBERTE. — C'était peut-être la femme de chambre?

ACHILLE. — Non... Je l'ai entendue au premier étage... Oh! ça ne peut être que Clément... Il a dû venir trainer par ici... soi-disant pour venir prendre des papiers avant de s'en aller... C'est Clément, les papiers ne sont plus là. C'est Clément.

ALBERTE. — Oh! Clément!... mais c'est l'homme le plus bavard de Paris, l'être le plus malfaisant, le plus venimeux, c'est la rosserie en personne...

ACHILLE. — Oui... Il représente le jugement du monde.

MAURICE. — En tout cas, il y a quelqu'un qui nous a vus... Et, surtout si c'est Clément, notre affaire est sûre... Ça se saura... Qu'est-ce que vous voulez... ce que nous avons voulu éviter se réalisera: ça se saura. (Silence.) Ça ne sert à rien de se faire de la bile; il faut prendre des résolutions, puisque cet événement crée pour nous un état de choses nouveau...

ALBERTE. — Mais quelles résolutions?

MAURICE. — Ecoute, Achille, le jour où je me suis aperçu que j'aimais ta femme, je t'en ai prévenu loyalement...

ACHILLE. — Très loyalement...

ALBERTE. — A ce moment, je me suis aperçu que j'aimais aussi Maurice, et immédiatement, je te l'ai avoué.

ACHILLE. — Ah! oui... immédiatement... Tu n'as pas attendu.

MAURICE. — Alors, à ce moment-là, nous avons fait une espèce de divorce amiable... nous avions l'idée d'éviter le scandale, nous voulions aussi, peut-être, ménager ton vieil oncle, qui vivait encore...

ACHILLE. — C'est peut-être aussi par paresse...

MAURICE. — Ecoute... il ne faut pas être plus sévère pour nous que de raison... C'est peut-être aussi parce que nous avions des motifs un peu plus chic... nous avions horreur des choses et des gens de la chicane, nous ne voulions pas les introduire dans notre vie intime... il nous semblait...

ACHILLE. — Oui, il nous semblait que nous avions le droit d'agir à notre guise, entre nous, que nous n'avions à rendre de comptes à qui que ce soit, du moment que nous ne faisions de tort à personne... Peut-être avons-nous fait ce qui se fera carrément dans un demi-siècle...

MAURICE. — Nous nous sommes passés de la procédure... nous avons décidé que ta compagne devenait ma compagne, que, elle et toi, vous ne seriez plus que des camarades...

ACHILLE. — De très bons camarades...

MAURICE. — Comme nous vivons dans un temps et pas dans un autre, il a bien fallu faire des concessions, il a fallu cacher notre pacte; au fond, sauver les apparences pour ne pas nous faire tort, pour ne pas aller contre la morale. Mais, aujourd'hui, nous nous trouvons en présence d'une situation modifiée: le monde ne savait pas; il sait maintenant... ou il va savoir... nous devenons des êtres immoraux... il ne faut pas.

ACHILLE. — Il ne faut pas.

ALBERTE. — Il ne faut pas.

MAURICE. — Autrement nous nous diminuons... toi, tu deviens le mari trompé... Qu'est-ce que tu veux que je te dise?

ACHILLE. — Je ne tiens pas à ce que tu me dises autre chose...

MAURICE. — Alberte devient, elle, la femme adultère...

ALBERTE, blessée. — Oh! Maurice!

MAURICE. — Il ne faut pas que cela soit. Maintenant, le moment est venu de nous mettre en règle avec la société... du moment qu'elle est au courant... J'étais, en fait, le véritable mari de ta femme, il faut, désormais, que je le sois en droit... Les événements nous poussent d'une façon irrésistible au divorce... Vous allez divorcer... J'épouserai Alberte... Qu'est-ce qu'il t'en semble, Achille?

ACHILLE. — Il me semble...

Il regarde Alberte.

ALBERTE. — Eh bien, oui... que veux-tu faire d'autre?

MAURICE. — Nous allons prendre nos dispositions... (A Alberte.) Il faut que vous voyiez un avoué, sans retard... Il vous dira probablement de quitter le domicile conjugal et d'aller vous installer chez un de vos parents...

ALBERTE, à Achille. — Tu crois?... Vous croyez?... Tu crois?...

ACHILLE. — Je le crois.

MAURICE. — Evidemment, c'est un dérangement...

ALBERTE. — C'est un dérangement.

ACHILLE. — C'est un dérangement.

MAURICE. — Mais il me semble que c'est une solution inévitable... Du reste, au fond, tout cela n'est que de simple formalité... Vous irez habiter chez votre tante... J'irai vous y rendre visite... Achille, également, vous rendra visite à sa guise. J'ai des amis au Palais, qui activeront la procédure, et cela ne traînera pas... Une fois mariés, nous recevrons Achille comme vous aviez l'amabilité de me recevoir... Rien n'interdit au mari divorcé de revenir voir sa femme.

ACHILLE, faiblement. — Le divorce est une institution de trop fraîche date pour qu'il y ait, à cet égard, des usages établis...

MAURICE. — En somme, il n'y aura rien de changé entre nous... nous serons simplement en règle avec l'opinion... Eh bien, Achille, ce n'est pas ton avis? Tu ne dis rien...

ACHILLE. — Mais si... mais si... Je suis absolument de ton avis... Il n'y aura rien de changé entre nous... Tout ce que tu dis là est évidemment logique, et inévitable...

MAURICE. — Mais il y a pourtant quelque chose qui t'embête, dis?

ACHILLE. — Rien, rien...

MAURICE. — Mais encore...

ACHILLE. — Alberte? Est-ce que tu crois que je vais être obligé de le dire ce soir aux Thouvelin?

ALBERTE. — Oh! on peut attendre à demain.

ACHILLE. — Mais ce qu'il y a d'ennuyeux c'est de dîner au restaurant avec eux... Ils ont organisé ça pour notre anniversaire de mariage. Eh bien, ce n'est peut-être pas le jour de fêter notre anniversaire de mariage... nous venons de passer par des événements graves et imprévus... et il me serait difficile de cacher mon état d'esprit et ma préoccupation...

MAURICE. — Eh bien, c'est très simple, il n'y a qu'à supprimer la petite fête... nous prétexterons un dîner d'affaires au dernier moment.

ALBERTE. — Un dîner d'affaires au dernier moment...

MAURICE. — Puisqu'ils repassent ici, il sera facile de les prévenir. Ils iront dîner de leur côté, puis nous irons dans un restaurant quelconque. (A Achille.) Ça te va?

ACHILLE. — Oui, ça me va.

MAURICE. — Demain matin, je viendrai ici de bonne heure avec un de mes amis, qui est principal clerc d'avoué... Je vais d'ailleurs tâcher d'aller le voir tout de suite... (Il serre la main d'Achille.) Eh bien, à tout à l'heure, au revoir, mon vieux... (A Alberte.) Au revoir, Alberte!

Il sort. Un silence.

Scène VIII

ACHILLE, ALBERTE

ACHILLE. — J'ai quelques petites courses très pressées; je m'en vais être obligé de sortir aussi. (Après un moment d'embarras.) Au revoir, Alberte!

Il sort. Elle sonne et s'abîme dans ses réflexions. Entre la femme de chambre.

Scène IX

ALBERTE, CELINA

CÉLINA. — Madame a sonné?

ALBERTE. — J'ai sonné?

CÉLINA. — Oui, madame.

ALBERTE. — Pourquoi est-ce que j'ai sonné?... Ah! je sais!... Vous direz à la cuisinière que nous ne dînons pas ce soir.

RIDEAU

ACTE II

Même décor.

Scène première

CELINA, LES THOUVELIN

CÉLINA, entre. — Je vais prévenir Mme Marin.

   Elle sort.

THOUVELIN. — Alors quoi, le nouveau ménage a gardé la même maison.

IRMA. — Il paraît! ils n'ont même pas changé les meubles de place.

THOUVELIN. — Depuis quinze mois.

CÉLINA, entrant. — Mme Marin sera à vous dans quelques instants.

IRMA. — Vous êtes donc restée ici, Célina.

CÉLINA. — Oui, madame, je suis restée avec madame, j'ai suivi madame chez sa tante et, quand madame s'est remariée, j'ai pas demandé mieux que de rester avec elle, puisqu'on s'entendait bien toutes les deux.

   Alberte entre.

Scène II

LES THOUVELIN, ALBERTE

ALBERTE. — Comment! Comment! Vous arrivez à Paris sans nous prévenir et vous nous faites l'affront de descendre à l'hôtel? C'est tout à fait méchant, ça, vous savez!... Vraiment, ce n'est pas une raison parce que je m'appelle Mme Marin pour que mes cousins ne soient plus mes cousins...

IRMA, pudique. — Oh! nous avons eu peur d'être indiscrets, de vous déranger. Vous comprenez, un jeune ménage...

ALBERTE, cherchant. — Un jeune ménage... Ah! oui, nous?... Oh! bien, ce n'est pas absolument ce qu'on peut appeler un jeune ménage, bien que nous ne soyons mariés que depuis quatre mois...

THOUVELIN. — Je vois que vous avez conservé la même maison.

ALBERTE. — Oui. Ce petit hôtel m'appartient, il fait partie de ma dot, alors nous avons trouvé plus simple d'y demeurer... Achille s'est installé tout près...

IRMA. — Mais alors, vous devez le rencontrer quelquefois?

ALBERTE. — Comment! mais nous n'avons pas cessé de le voir.

IRMA. — Ah! bien.

ALBERTE. — J'ai toujours pour lui la même affection, et je crois qu'il me la rend bien... de même qu'il a gardé son amitié pour Maurice.

IRMA. — Je trouve ça très bien, moi.

THOUVELIN. — Oui, c'est très bien que les liens d'affection survivent à ces événements conjugaux qui, en somme...

IRMA. — C'est très bien, c'est très bien...

THOUVELIN. — Est-ce que nous aurons le plaisir de voir M. Marin?

ALBERTE. — Eh bien, il va rentrer tout à l'heure...

THOUVELIN. — Ah! tout à l'heure... vous ne savez pas au juste?

ALBERTE. — Non, il a dit qu'il rentrerait bientôt.

THOUVELIN. — C'est que j'ai peur de ne pouvoir l'attendre.

IRMA. — Oui, nous devons aller à une conférence à la salle Charras.

ALBERTE. — Sur un sujet intéressant?

THOUVELIN. — Un sujet intéressant? Nous ne savons pas au juste...

IRMA. — On nous a donné des billets.

ALBERTE. — Et M. Thouvelin est toujours passionné de... comment dit-on?... la science des insectes... un mot comme étymologie...

THOUVELIN. — L'entomologie.

IRMA. — Oui, seulement ce n'est plus les insectes des meubles qui passionnent mon mari, ce sont les insectes des vêtements. Figurez-vous qu'il me défend de mettre de la naphtaline dans mes paquets d'été.

THOUVELIN. — Ne l'écoutez pas, cousine.

IRMA. — Mon petit, on va laisser Mme Marin.

ALBERTE. — Mais je n'ai rien à faire.

THOUVELIN. — Si! Si!... Et puis nous avons notre conférence.

ALBERTE. — Ah! oui! votre conférence...

THOUVELIN. — Oh! ce n'est pas que nous y tenions énormément. Moi, ça m'ennuie toujours... Et puis il y a des artistes annoncés, mais il y en a beaucoup qui font faux bond.

IRMA. — Il faut bien profiter de nos billets.

THOUVELIN. — Vous avez une station de métro par ici?

ALBERTE. — Au bout de l'avenue.

THOUVELIN. — Oh! nous avons pris pour venir un de ces autos à taximètre... Je ne sais pas ce qu'il y avait dans le compteur, il avançait tout le temps. Et nous en avons eu pour une somme...

ALBERTE. — Vous avez peut-être pris un drapeau blanc au lieu d'un drapeau rouge?

THOUVELIN. — Ah! je ne savais pas ça... On s'y perd, qu'est-ce que vous voulez. Il faudra que je note ça... ou plutôt, je vais renoncer à prendre des automobiles à taximètres... Nous allons prendre le métro, c'est plus sûr. Moi je suis toujours disposé à payer ce qu'on veut, mais je préfère que ce soit une somme fixe.

ALBERTE. — Je vous demanderais bien de rester à dîner, mais je ne connais pas les projets de mon mari... En tout cas, il faut que nous arrangions cela pour un jour très prochain.

THOUVELIN. — Non, non! C'est nous qui sommes venus avec des intentions précises à ce sujet. C'est nous qui vous invitons à dîner... vous viendrez dîner à notre hôtel, ou ailleurs, mais vous nous devez une soirée. Rappelez-vous notre partie manquée à notre dernier voyage. il y a... quinze mois... ma foi oui, il y a bien quinze mois... Cette affaire qui vous a retenus au dernier moment... L'invitation est toujours valable et nous tenons à ce que vous l'acceptiez...

ALBERTE. — Entendu...

THOUVELIN. — Voyons, nous allons partir pour quelques jours du côté de Lille pour voir un oncle de ma femme. **A notre retour**, nous passerons par Paris... Ce **sera aujourd'hui en huit**. Croyez-vous que M. **Marin sera libre aujourd'**hui en huit pour dîner le soir?

ALBERTE. — Je vais lui demander ça... En tout cas, je vous remercie pour nous deux.

IRMA. — Alors, si vous le permettez, aujourd'hui en huit, à trois heures, nous viendrons prendre la réponse...

ALBERTE. — Je pourrais vous écrire.

THOUVELIN. — Non, non, nous viendrons en nous promenant, par le métro...

ALBERTE. — Bien, bien!

IRMA. — Et nous vous remercions de votre aimable accueil.

ALBERTE. — Oh! mais, voyons...

THOUVELIN. — Vous ferez bien nos amitiés à votre mari.

ALBERTE. — C'est lui qui va être navré, mais vous savez, navré de vous avoir manqués... (*Les Thouvelin sortent. Dès qu'ils sont sortis, elle va à la porte de droite qu'elle entr'ouvre:*) Maurice... tu peux venir: ils sont partis!

Scène III

ALBERTE, MAURICE

MAURICE. — Eh bien, vrai! j'ai cru qu'ils ne s'en iraient jamais... On n'a pas entendu que je téléphonais, n'est-ce pas...

ALBERTE. — Non, non. Dis donc, ils viennent de nous inviter à dîner tous les deux pour dans huit jours... C'est leur vieille invitation de l'année dernière qui ressert. Ils espèrent sans doute, en retour, qu'on va les combler de billets de théâtre... J'ai dit que j'allais te consulter.

MAURICE. — Oh! qu'est-ce que tu veux? Acceptons. On leur a déjà fait faux bond l'an dernier... Dis donc, c'étaient les Raymond qui parlaient au téléphone. Ils vont à l'Opéra ce soir; ils nous offrent deux places dans leur loge.

ALBERTE. — Eh bien, oui, on peut accepter... Mais j'y pense... si Achille vient passer la soirée ici...

MAURICE. — Et il viendra très probablement... Mais on ne va pas se gêner avec lui. Nous lui dirons que nous allons à l'Opéra.

ALBERTE. — Tu ne veux pas essayer encore une fois de le faire inviter?

MAURICE. — Oh! non, rappelle-toi ce qui s'est passé à l'Opéra-Comique... Les Gérard nous offrent deux places dans leur loge. Comme nous sommes très intimes avec eux, nous avons emmené Achille. C'est effrayant ce qu'on était tassé... Les Gérard nous ont souri beaucoup plus aimablement qu'à l'ordinaire, mais je connais ce sourire-là: ça veut dire qu'ils ne nous inviteront plus... Et puis, n'est-ce pas, je ne sais pas... il y a des gens qui sont un peu gênés de cette situation: ainsi les Thouvelin, tu vois, ils nous invitaient tous les trois, l'année dernière, et maintenant ils n'invitent plus Achille.

ALBERTE. — Évidemment.

MAURICE. — Qu'est-ce que tu veux, nous allons lui dire que nous n'avons que deux places...

ALBERTE. — Oui, mais va-t-il comprendre?

MAURICE. — Je n'en sais rien.

ALBERTE. — C'est qu'il tient tant à nous!...

MAURICE. — Oui, il est comme un enfant: il ne veut pas nous quitter...

ALBERTE. — C'est très rare, un attachement pareil.

MAURICE. — Mais il en souffre... Il est évident que nous sommes aussi aimables que possible avec lui, mais un jour, que veux-tu, nous pourrons nous montrer un peu fatigués... ce serait un déchirement pour ce pauvre garçon.

ALBERTE. — C'est comme pour la question du dimanche; il prétend qu'il ne peut pas passer le dimanche tout seul. D'autant plus qu'il lui semble bien naturel que nous l'emmenions dans notre auto, comme il t'emmenait dans la sienne...

MAURICE. — J'aurais dû prendre une carrosserie à deux places: la question ne se serait pas posée.

ALBERTE. — Qu'est-ce que tu veux, c'est parfois un peu gênant, mais c'est tout de même quelque chose de rare, d'avoir un bon ami comme ça dans la vie.

MAURICE. — Oui, ça n'est pas commun. On sent chez lui une telle chaleur d'affection.

ALBERTE. — Que nous avons également pour lui d'ailleurs.

MAURICE. — Oui, que nous avons pour lui.

ALBERTE. — Qu'est-ce que c'est? On a gratté à la porte...

MAURICE. — On a gratté à la porte?

ALBERTE. — Oui, par là... quel est ce bruit?

Scène IV

LES MÊMES, ACHILLE

ACHILLE. — C'est moi.

MAURICE. — Je vois.

ALBERTE. — Comment se fait-il que je ne vous aie pas entendu sonner?

ACHILLE. — J'ai retrouvé une clef d'entrée d'ici dans une poche de mon vieux veston... Alors, je pourrai la garder, n'est-ce pas? Comme ça, les domestiques n'auraient pas besoin de se déranger pour venir m'ouvrir. Vous n'y voyez pas d'inconvénient?

MAURICE. — Aucun, aucun.

ACHILLE. — Dites donc, j'ai gardé ma soirée. J'ai rencontré un vieux camarade qui voulait m'enlever. Mais j'ai refusé pour rester libre... Qu'est-ce qu'on fait?

ALBERTE. — C'est ennuyeux que vous ayez refusé à votre camarade. Vous auriez pu accepter, nous sommes justement invités à l'Opéra.

ACHILLE. — A l'Opéra, dans une loge?

MAURICE. — Oui, dans une loge, mais les Raymond ont spécifié qu'ils ne pouvaient disposer que de deux places... deux toutes petites places, ont-ils même ajouté...

ACHILLE. — Et vous tenez beaucoup à y aller? On est si bien ici.

MAURICE. — Nous ne pouvons pas refuser aux Raymond qui ont pensé à nous. On les froisserait.

ACHILLE. — Tu as raison, ne froissez pas les Raymond... Eh bien, je vais aller téléphoner par là pour tâcher d'occuper ma soirée. (*Il sort.*)

Scène V

ALBERTE, MAURICE

ALBERTE. — Si on pouvait lui trouver une occupation plus absorbante.

MAURICE. — ... Qui le tienne l'après-midi et même aussi le soir... mais es-tu sûr qu'il consente à prendre un emploi... Il ne se plaint pas de n'avoir rien à faire... Il ne s'ennuie donc jamais?

ALBERTE. — Il passe des heures sur ce fauteuil... Si on sort, si on arrive à sortir, on le retrouve à la même place en rentrant.

MAURICE. — Il a une si belle confiance dans notre amitié qu'il ne s'imagine pas qu'il nous gêne... Ainsi, il ne se dit pas une minute que nous voudrions, de temps en temps, dîner seuls.

ALBERTE. — J'ai essayé quelquefois jusqu'à huit heures et quart de ne pas lui demander de dîner avec nous; il ne s'en allait pas, la cuisinière m'a demandé trois fois si elle pouvait servir; j'ai fini par lui dire: oui, de guerre lasse et par inviter Achille.

MAURICE. — C'était un peu comme je faisais jadis quand je venais chez vous...

ALBERTE. — Mais il est persuadé que nous avons le plus grand plaisir à partager notre repas avec lui...

MAURICE. — Une petite récrimination personnelle. L'autre jour, comme on ne l'attendait pas du tout, on m'avait fait un petit tournedos parce qu'il y avait un gigot et que je n'en mange pas... Comme il ne mange pas de gigot non plus, je lui ai offert mon petit filet: il l'a pris...

ALBERTE. — Pourquoi le lui as-tu offert?

MAURICE. — Comment veux-tu que je fasse autrement: je suis chez moi, ici... c'est-à-dire que je suis chez moi...

ALBERTE. — Nous ne sommes pas chez nous, voilà la vérité.

MAURICE. — Enfin, quoi? Il n'y aurait pas moyen de lui faire comprendre... de lui faire comprendre qu'on l'aime bien, mais qu'on l'aimerait davantage s'il s'imposait moins... Mais comment veux-tu dire à quelqu'un qu'il est indiscret?

ALBERTE. — Oh! je vais lui dire ça, moi.

MAURICE. — Tu ne feras pas ça.

ALBERTE. — Tu verras.

MAURICE. — Je sais bien que c'est dans son intérêt autant que dans le nôtre... Il n'y a pas d'être meilleur et plus sympathique... de là à devenir odieux, il n'y a qu'un pas.

ALBERTE. — Odieux est un mot un peu trop fort. Il est un peu embêtant.

MAURICE. — On n'est pas un peu embêtant... (Songeur.) C'est curieux...

ALBERTE. — Oui, je vois ce que tu veux dire: il n'était pas comme cela jadis.

MAURICE. — Oui, quand il était ton mari, il était d'une discrétion... oui, c'est un homme délicat... Comme il avait tous les droits de nous troubler, il n'en usait pas, et maintenant qu'il n'en a plus, il en abuse.

ALBERTE. — Je vais lui parler...

MAURICE. — Tu oseras?

ALBERTE. — Tu vas voir...

MAURICE. — Non, je ne verrai pas ça... Tu me raconteras.

ALBERTE. — Ah! Voilà l'homme brave!

MAURICE. — Si on allait faire un voyage?

ALBERTE. — Il nous suivrait... Mais c'est si simple d'avoir une explication.

MAURICE. — Simple! Simple!... Le voilà qui revient.

Scène VI

LES MÊMES, ACHILLE

ACHILLE, rentrant. — C'est curieux comme cet appareil téléphonique est plus agréable que le mien... Il est pourtant de la même marque...

ALBERTE. — Avez-vous organisé votre soirée?

ACHILLE. — Non, mais ne vous occupez pas de moi. J'ai demandé deux amis à l'appareil, avec l'espoir qu'aucun d'eux ne serait chez lui, ils étaient libres l'un et l'autre ce soir, et pourtant je ne leur ai pas proposé de passer la soirée avec eux... Je leur ai parlé d'autre chose... Je passerai à l'Opéra, je tâcherai d'avoir un fauteuil et j'irai vous voir pendant les entr'actes... Je suis énervé aujourd'hui..., agacé, je ne me sens pas le courage de passer la soirée seul... Il n'est venu personne aujourd'hui?...

ALBERTE. — Non... Si... les Thouvelin.

ACHILLE. — Ah! les Thouvelin sont à Paris. Tiens, j'aurais voulu les voir... Est-ce qu'ils doivent revenir?

ALBERTE. — Oui, dans huit jours. Ils nous ont invités à dîner.

ACHILLE. — Nous trois?

ALBERTE. — Je pense.

ACHILLE. — Enfin quoi, il vous ont dit de me le dire?

ALBERTE. — Hé bien... je ne sais pas... Ils vont peut-être vous écrire.

ACHILLE. — Ils ne m'inviteront pas... vous verrez... Ils ne m'inviteront pas. (Enervé et machinal.) Je voudrais une cigarette... (S'approchant d'une table.) Tiens, le tiroir aux cigarettes ne s'ouvre plus?

ALBERTE. — Il est de l'autre côté, on a retourné la table.

ACHILLE. — Pourquoi a-t-on retourné cette table?

Silence.

MAURICE. — Moi, mes enfants, il faut que je sorte. Vous allez m'excuser.

ACHILLE. — Va, va, ne te gêne pas avec moi. Je reste avec Alberte. (A Alberte.) Je pense que vous n'avez pas à sortir?

ALBERTE. — Non, non.

ACHILLE. — C'est curieux comme j'ai pris facilement le pli de vous dire vous. Au fond, je pouvais très bien vous dire tu, mais nous avons jugé que c'était plus convenable... Voilà des petites concessions à l'opinion auxquelles je ne tiens guère. Enfin, c'était plutôt votre idée.

MAURICE. — Eh bien, au revoir. Je te quitte.

ACHILLE. — Tu me quittes... L'opinion nous permet de nous tutoyer.

MAURICE, après avoir fait un mouvement vers Alberte, lui fait de la main un signe d'adieu. — Au revoir!

ALBERTE. — Au revoir. (Maurice sort.)

Scène VII

ALBERTE, ACHILLE

ACHILLE. — Alberte, je ne suis pas fâché de rester seul avec vous, j'avais quelque chose à vous dire.

ALBERTE. — Quelque chose à me dire?

ACHILLE. — Oui, j'ai besoin d'avoir avec vous une explication et de vous demander de calmer mes inquiétudes... ou de les confirmer... alors je serai fixé... Voilà: depuis quelques jours, j'ai remarqué... non, je n'ai pas remarqué... j'ai senti un petit changement dans votre attitude et dans celle de Maurice. Oh! vous êtes toujours aussi charmante avec moi... vous n'êtes pas capable d'être autrement, mais vous êtes charmante avec un peu d'effort. Je me suis demandé, non sans angoisse, si je vous gênais... Cela me serait tellement douloureux de penser que je vous gêne...

ALBERTE. — Mais qu'est-ce que vous allez chercher là, Achille?

ACHILLE. — Vraiment ? Je ne vous gêne pas ? Vous ne me dites pas ça par gentillesse?

ALBERTE. — Je vous assure... Vous ne nous gênez pas.

ACHILLE. — Vous voyez, j'ai l'impression que lorsque vous me dites: « Vous ne me gênez pas », vous faites encore un effort... Alberte, voyons, Alberte, sois franche avec moi. Si je suis de trop ici, il faut me le dire tout de suite, ça sera un coup terrible pour moi, mais il ne faut pas hésiter à me le porter. Tu vois, je suis un peu lâche... je te somme d'être franche, et je te montre en même temps que ta franchise pourrait m'être si pénible... Vraiment je ne suis pas seulement un peu lâche, je suis très lâche. Je ne supporterai pas de ne pas venir ici autant que j'y suis venu. Et veux-tu que je te dise: je trouve que je n'y viens pas encore assez. Toi, tu trouves que j'y viens assez...

ALBERTE. — Tu ne viens pas trop.

ACHILLE. — Mais ça te suffit? Moi, ça ne me suffit pas... Alberte, je n'ai jamais eu autant besoin de te voir... la tendresse que je n'ai jamais cessé d'avoir pour toi quand tu t'es détachée de moi...

ALBERTE. — Je ne me suis pas détachée de toi.

ACHILLE. — Tu t'es attachée à un autre... A ce moment-là, par indulgence, par crainte de complication, par pose peut-être, pour faire l'homme indépendant, je me suis efforcé de croire que je n'en souffrirais pas. Et maintenant que tu es mariée à un autre, que la question de vanité n'est plus en jeu, je souffre, non pas d'être un mari trompé — je ne suis plus un mari trompé — je souffre d'être un mari abandonné.

ALBERTE. — Quelle histoire, Achille! Je ne peux vraiment pas croire ça.

ACHILLE. — C'est comme ça cependant. Et il faut que ça soit bien vrai pour que je surmonte ma honte et que je vienne te l'avouer.

ALBERTE. — Tu te montes la tête.

ACHILLE. — Non, non, Alberte. On se fiche dedans parfois quand on croit être amoureux, mais quand on tient à une femme, on le sait, on en est sûr. Il n'y a pas à s'y tromper. Je ne viens pas te dire que je suis amoureux de toi, ce serait ridicule, mais, enfin, je ne fais que penser à toi, j'ai un besoin constant de te voir, et... je ne te dis pas la moitié de ce que j'aurais à te dire.

ALBERTE. — Mais enfin, mon pauvre ami, en admettant que tu ne t'exaltes pas à faux, pourquoi ne te distrais-tu pas: il y a tout de même d'autres femmes sur la terre.

ACHILLE. — Non.

ALBERTE. — Comment non ?

ACHILLE. — Il n'y a pas d'autre femme que toi.

ALBERTE. — Tu ne me diras pas que depuis que nous sommes séparés, depuis plus longtemps que ça, tu n'as pas cherché à te distraire... tu n'as pas connu d'autres femmes...

ACHILLE. — Mais si, j'en ai connu plusieurs, pas des quantités, mais j'en ai connu...

ALBERTE. — Tu vois?

ACHILLE. — Qu'est-ce que tu veux? (Silence.)

ALBERTE. — Qu'est-ce que c'était que ces femmes? Des femmes que je connais?

ACHILLE. — Mais non.

ALBERTE. — Je m'étais figuré que j'en connaissais une.

ACHILLE. — Qui ça?

ALBERTE. — Céline Dergas.

ACHILLE. — Pourquoi?

ALBERTE. — Une idée.

ACHILLE. — Mais non, je n'avais pas le courage de commencer une intrigue avec une femme. Quand je pensais à une femme, j'allais en chercher une très facile.

ALBERTE, riant. — Oh!

ACHILLE. — C'était ce qu'il y avait de plus simple.

ALBERTE. — Et ça t'est arrivé souvent?

ACHILLE. — C'est suivant ce qu'on entend par « souvent »!

ALBERTE. — C'est drôle... J'étais bien certaine que tu voyais des femmes, mais je ne me l'imaginais pas... Il y avait bien de ces femmes que tu voyais plus souvent que d'autres?

ACHILLE. — Peut-être.

ALBERTE. — Parce qu'elles te plaisaient davantage?

ACHILLE. — Non, parce que ça se trouvait comme ça.

ALBERTE. — Les hommes sont dégoûtants. (Silence.) C'est une vie amusante, mais c'est bien répugnant.

ACHILLE. — Tu crois que c'est amusant? Ah! la, la! Ce que j'en ai assez! Il n'y a qu'une femme au monde qui soit une femme pour moi. Les autres, aussitôt que je suis calmé, m'embêtent, m'embêtent... Toi, je ne cessais de t'aimer et de me plaire avec toi. Je sais bien, j'aurais dû te le dire davantage, mais j'avais comme une espèce d'orgueil imbécile qui m'empêchait de montrer à quel point je tenais à toi, parce que je me disais que toi, tu ne tenais pas à moi... Mais la vérité, la vérité qui est encore plus vraie maintenant que jamais, c'est que je suis absolument possédé par toi...

ALBERTE. — Mais, mon pauvre ami, c'est terrible pour toi ce que tu me dis là.

ACHILLE. — Non, parce que d'être avec toi, simplement, comme nous sommes, ce n'est évidemment pas l'idéal pour moi, mais ça vaut mieux que d'être séparé de toi.

ALBERTE. — Ce qu'il y a d'ennuyeux, c'est que maintenant que nous avons abordé ce genre de conversation, toutes les fois que nous allons nous retrouver ensemble, ça va recommencer...

ACHILLE. — Alors quoi? Il ne faut plus que je te revoie?

ALBERTE. — Mais non, je ne dis pas ça, seulement il faut que tu sois raisonnable et que nous parlions d'autre chose... D'abord je ne dois plus parler de choses pareilles avec toi... Je suis la femme de Maurice.

ACHILLE. — Et tu l'aimes toujours autant?

ALBERTE, d'un ton ferme. — Je l'aime toujours davantage.

ACHILLE. — Bon! (Il tombe accablé sur une chaise. Au bout d'un instant de réflexion, son visage s'éclaire et il se met à chantonner.) Bon! Bon! Bon! Bon!

ALBERTE. — Qu'est-ce qui te prend?

ACHILLE. — J'ai réfléchi. D'abord ça m'a accablé d'entendre que tu l'aimais toujours davantage, et puis j'ai pensé que ce n'était peut-être pas vrai.

ALBERTE. — Pourquoi?

ACHILLE. — Parce que, si c'était vrai, tu ne me

l'aurais pas dit aussi brutalement pour ne pas me faire de la peine...

ALBERTE. — Avec ça !

ACHILLE. — « Avec ça ! » Avec ça ! est bon. Si c'était vrai que tu l'aimes encore autant, tu me ménagerais.

ALBERTE. — Oh ! tu es trop subtil pour moi... Ecoute, on a fermé la porte d'entrée... C'est Maurice qui entre... D'abord il faut cesser de me tutoyer.

ACHILLE. — Je t'aime.

ALBERTE. — Tais-toi !

Scène VIII

LES MÊMES, MAURICE

MAURICE, entrant. — Mes enfants, j'ai ramené un taxi. Si vous voulez, on ira goûter à Bellevue. J'ai à voir un client par là.

ALBERTE. — C'est une idée.

ACHILLE. — Alors je vais téléphoner chez moi... J'ai quelque chose à dire.

ALBERTE. — Achille, voulez-vous dire à la femme de chambre — elle coud dans la lingerie — voulez-vous lui dire qu'elle m'apporte mes vêtements d'auto et mon chapeau ? Je me recoifferai là-bas en arrivant.

Sort Achille.

MAURICE. — Eh bien, tu lui as parlé ?

ALBERTE. — Oui...

MAURICE. — Alors, tu as osé ?

ALBERTE. — Oui... oui...

MAURICE. — Je pense bien que tu ne lui as pas dit ça brutalement ?

ALBERTE. — Oh ! non !

MAURICE. — Est-ce qu'il comprendra qu'il vaut mieux ne pas venir si souvent ?

ALBERTE. — Oui, il comprendra.

MAURICE. — Et il ne t'a pas fait de reproches ?

ALBERTE. — Non, il a très bien pris la chose.

MAURICE. — Alors, tu crois qu'il viendra moins ?

ALBERTE. — J'y arriverai... J'y arriverai.

ACHILLE, rentrant. — Il y a quelqu'un pour toi dans le téléphone... quelqu'un qui ne fait que dire : « Allo ! Allo ! » je n'ai pas pu téléphoner chez moi.

MAURICE. — J'y vais. (Il sort.)

ACHILLE, à Alberte. — Je t'aime !

ALBERTE. — Ecoute, finis ! Tu vois comme il est confiant, nous avons toujours agi si loyalement tous les trois... Ce serait une trahison beaucoup plus odieuse que les trahisons ordinaires... je t'assure que ce serait très mal...

ACHILLE. — Je t'aime !

MAURICE, rentrant et traversant rapidement le salon. — Eh bien, venez-vous ?

Il passe dans le fond.

ALBERTE, à Achille. — Ce serait très mal.

ACHILLE, vite et bas. — Je t'aime ! Je t'aime ! Je t'aime !

RIDEAU

ACTE III

Même décor.

Scène première

CELINA, LES THOUVELIN

La bonne introduit M. et Mme Thouvelin.

CÉLINA. — Monsieur et madame vont pouvoir attendre ici monsieur et madame.

THOUVELIN. — Ils ne vont pas tarder à rentrer ?

CÉLINA. — Non, il est tantôt trois heures et demie.

THOUVELIN. — Et ils nous ont dit de venir un peu après trois heures.

CÉLINA. — Je ne sais pas comment il se fait qu'ils ne sont pas encore ici... Ils ont été déjeuner au bois de Boulogne en automobile. Ils sont avec M. Achille.

THOUVELIN. — Et c'est M. Achille qui conduit ?

CÉLINA. — Non, non, monsieur, c'est monsieur. Monsieur a maintenant une auto magnifique, il n'a pas un clou comme on en voit... ça marche le tonnerre... Si vous voyiez le coffre où c'est qu'est le moteur, le capot, qu'ils disent, eh bien, il est long comme une malle, et ça fait si peu de bruit qu'on dirait que ça vole.

IRMA. — Je crois qu'on a sonné.

CÉLINA. — Oui, on a sonné... C'est à la porte d'entrée.

IRMA. — Il y a quelqu'un pour ouvrir ?

CÉLINA. — Il y a moi... Vous savez qu'avec cette auto on va à la mer en pas quatre heures... Tiens, on a resonné encore.

THOUVELIN. — Il faudrait peut-être ouvrir.

CÉLINA. — Quand le temps est à la boue, je les laisse un peu plus longtemps à la porte, parce qu'en poireautant ils ne savent pas quoi faire et s'ennuient les pieds sur le paillasson.

Elle sort.

THOUVELIN. — Dis donc, quand nous sommes venus il y a huit jours, ils n'avaient pas l'air si bien que ça avec Achille.

CÉLINA, rentrant. — Voulez-vous entrer par ici, monsieur Clément...

Scène II

CLEMENT, LES THOUVELIN

CLÉMENT. — Monsieur et madame Thouvelin, je crois ?

THOUVELIN, hésitant. — J'ai vu monsieur.

CLÉMENT. — Je suis le secrétaire de M. Achille.

THOUVELIN. — Ah ! très bien ! très bien !

CLÉMENT. — Je viens le relancer jusqu'ici ; je ne le vois jamais à la maison.

IRMA. — Il s'occupe toujours d'assurances ?

CLÉMENT. — Si ça s'appelle s'occuper ! C'est moi qui fais tout. Il signe les pièces ; quand il y a une pièce à signer, je suis bien forcé de la lui apporter.

THOUVELIN. — Mais ses affaires vont tout de même ?

CLÉMENT. — Elles vont comme ci, comme ça... Parce qu'il ne s'en occupe pas, sans cela !... Moi, n'est-ce pas, j'ai un principe que devraient avoir tous les employés. On se tait... on a un emploi, il faut le garder... Ce n'est pas à nous à apprécier, nous n'avons qu'à nous incliner... Quand votre cousin a succédé à M. Thevel, dans son cabinet d'assurances, c'était une affaire admirable, une clientèle à tripler... ça n'a pas bougé, et si ça a bougé, ça a plutôt diminué...

IRMA. — Achille est pourtant un garçon intelligent.

CLÉMENT. — Eh bien?... Il faudra m'expliquer ce que vous entendez par intelligent... Votre cousin a la grande chance d'avoir son pain tout cuit: son intelligence, c'est d'être venu au monde après son papa.

THOUVELIN. — Il passe pourtant pour être...

CLÉMENT. — Tant mieux! Tant mieux! Je veux bien qu'il ait de l'intelligence, mais quand est-ce qu'il en fait preuve? Il est intelligent dans les affaires? Il n'a pas su développer une affaire d'or qui ne demandait qu'à s'accroître... Il a été intelligent dans ses affaires de ménage, sans doute? C'est ce qui l'a conduit à être trompé dans les grandes largeurs...

IRMA. — Permettez...

CLÉMENT. — Je ne vous apprendrai rien; quand il s'est résolu à divorcer, il était trompé depuis belle lurette...

THOUVELIN. — Nous ne savions pas ça.

CLÉMENT. — Alors, vous étiez les seuls, car tout le monde le savait, même lui.

IRMA. — Qu'est-ce que vous dites?

CLÉMENT. — C'est quand il a vu que c'était un peu scabreux qu'il a pris le parti que vous savez... Enfin, moi je ne lui fais pas un crime d'avoir été trompé; avec une petite poupée comme sa femme, ça aurait pu arriver à n'importe quel honnête homme.

THOUVELIN. — Elle est très gentille!

CLÉMENT. — Oui... avec le minimum de cœur et de cervelle.

IRMA. — Évidemment, je ne l'approuve pas. Mais il faut dire à son excuse que M. Marin était un homme séduisant.

CLÉMENT. — Séduisant? Permettez-moi de vous dire que vous n'êtes pas dure! Qu'est-ce qu'il a de séduisant? Sa figure? Son esprit? Son intelligence? J'espère que, sur son intelligence à lui, vous n'avez aucun doute?

THOUVELIN. — Pourtant, il m'a semblé...

CLÉMENT. — C'est un homme prétentieux et creux. Le patron, lui, peut encore faire illusion... Il a un air distrait qui vous fait dire, quand il n'a pas l'air de comprendre quelque chose: il a peut-être mal écouté... Mais Marin! Marin intelligent!... Savez-vous de qui il est signé, son brevet d'intelligence? De lui-même. Il se croit un aigle. Il faut lui laisser ça... Je ne crois pas que la patronne le fasse jamais cocu. Mais lui, il ne s'en doutera jamais... Il est heureux, ce sont des gens heureux...

IRMA. — Sont-ils si heureux que ça?

CLÉMENT. — Eh bien, il y a une quinzaine, le patron avait l'air énervé et soucieux. Depuis quelques jours, je ne sais pas ce qui s'est passé, il est de très bonne humeur. Hier, il a voulu s'occuper d'affaires. Je l'ai arrêté à temps. La maison a encore quelque ressort. Seulement, qu'il ne s'avise pas d'y toucher... Sur ce, madame et monsieur, je vais aller travailler... Vous seriez peut-être mieux là, dans le petit bureau.

IRMA. — Mais vous allez y travailler.

CLÉMENT. — Non, moi je vais tout au fond, dans le débarras, trier des papiers de famille à M. Marin... Je suis le secrétaire de tout le monde, ici. J'examine des vieilles lettres relatives à un domaine qu'il a dans le Midi... Des histoires imbéciles... Son grand-père était stupide et son arrière-grand-père idiot... Vous ne vous installez pas dans le bureau?

THOUVELIN. — Non, nous allons plutôt faire un tour dans le jardin.

CLÉMENT. — Vous savez par où on passe?

THOUVELIN. — Oui, je connais...

CLÉMENT. — Je vous aurais montré... Parce que les domestiques, ici, sont incapables de rien indiquer... Ce sont de pauvres êtres d'une ineptie incommensurable... Tenez, c'est par là... Passez, madame... Non, pas par là, à gauche. (Clément, seul, revient à l'avant-scène.) Quel couple! Quelle paire d'empotés!... J'ai déjà vu des gens arriérés...

Scène III

ALBERTE, MAURICE, ACHILLE

Maurice est cette fois en tenue de chauffeur. Alberte et Achille en élégant costume de promenade.

ALBERTE. — Le concierge m'a dit que les Thouvelin sont là.

MAURICE. — Oui, je les ai vus par la fenêtre... Ils sont dans le jardin.

ALBERTE. — Eh bien, laisse-les... On les aura assez sur le dos.

ACHILLE. — Mes enfants, je vais téléphoner par là.

ALBERTE. — Il y avait longtemps!

MAURICE. — Va. Moi, je vais prendre la voiture pour la mener jusqu'à l'usine, parce qu'il y a un petit bruit que je ne m'explique pas... Je veux en avoir le cœur net.

ACHILLE. — C'est ça. (Il sort.)

MAURICE. — C'est curieux, ce que ce garçon a pu changer depuis quelques jours... Je l'aime mieux comme ça... Tu sais qu'il devenait embêtant!... On peut le dire maintenant... Quand nous avons parlé de lui la semaine dernière, toi et moi, l'idée qu'il nous embêtait, nous osions à peine nous l'avouer... et maintenant, grâce à ce changement qui s'est produit dans son humeur, il est très agréable. Et pourtant il ne vient pas aussi souvent... Il a dû avoir à son insu une crise de foie... et ça lui a passé... Tu sais qu'il y a des maladies dont on s'aperçoit à peine, qui vous incommodent d'une façon indéfinissable et qui guérissent tout à coup... On se figure qu'on est de mauvaise humeur, c'est que l'on est malade... Tout à coup, on est de meilleure humeur, c'est qu'on est guéri... Je suis sûr que s'il avait été de cette humeur-là toute sa vie, il n'aurait jamais cessé de te plaire?

ALBERTE. — C'est possible!

MAURICE. — Au fond, il n'y a rien de tel que la santé. Moi, je crois que je suis un homme appréciable... C'est parce que je suis sain... tu ne me tromperas jamais, parce que je me porte bien.

ALBERTE. — Oh! comme il est sûr de lui!

MAURICE. — Et je suis un petit peu sûr de toi.

ALBERTE. — Tu peux!

MAURICE. — Le voilà.

ACHILLE, entrant. — Alors tu vas à l'usine?

MAURICE. — Mais oui. Je reviendrai tout de suite. A moins que je sois obligé de laisser la voiture là-bas. Alors, dans ce cas, je reviendrai en taxi...

ACHILLE. — Comme le temps est remis au beau, tu peux faire ouvrir la voiture.

MAURICE. — Non, il fait encore un peu de vent... Ce n'est pas que je craigne l'air, rien ne me fait peur... A tout à l'heure, mes enfants.

Il sort.

Scène IV

ACHILLE, ALBERTE

ACHILLE. — Alberte! chère petite Alberte!

ALBERTE. — Attention! il vient à peine de sortir... Tu ne fais pas assez attention. Ainsi, j'ai toujours peur que tu me tutoies devant lui... Il faudra dire un de ces jours: « C'est trop bête! recommençons à nous tutoyer. » Alors, ce sera admis. Quand on se dit tantôt « tu », tantôt « vous », c'est effrayant ce qu'on risque de se couper.

ACHILLE. — Petite Alberte! Sais-tu qu'avec tes allures frivoles, tu es pleine de sens pratique et de sagesse. Je ne m'en serais jamais douté. Il me semble que c'est maintenant seulement qu'on commence à se connaître.

ALBERTE. — Oui, c'est vrai... on se connaît mieux.

ACHILLE. — Si on s'était connu ainsi jadis?

ALBERTE. — Eh bien?

ACHILLE. — Eh bien, peut-être rien de ce qui est arrivé ne serait arrivé.

ALBERTE. — Peut-être!

ACHILLE. — Tu n'as pas l'air de le regretter.

ALBERTE. — Veux-tu que je sois franche? Je ne regrette rien. Au fond, le destin fait bien ce qu'il fait. Il me semble que j'aime mieux t'avoir comme amant que comme mari.

ACHILLE. — C'est assez flatteur.

ALBERTE. — Je ne sais pas si c'est flatteur, mais c'est vrai. Maurice est résolu, sûr de lui; c'est le type du mari. Toi, tu es tracassé, tourmenté. C'est très fatigant de faire vie commune avec un individu aussi agité que toi... et d'autre part, ce ne serait pas agréable de passer les heures... les heures intéressantes de l'existence avec un homme aussi calme, aussi pondéré que mon mari... Je dis: ce serait, car, naturellement, depuis que Maurice m'a épousée, il n'y a plus pour lui ni pour moi d'heures intéressantes.

ACHILLE. — Oh! une femme dit toujours ça à son amant.

ALBERTE. — Est-ce que ce n'était pas vrai quand tu étais mon mari?

ACHILLE. — Si, après tout.

ALBERTE, rêveuse. — En somme, je suis maintenant comme une petite reine: j'ai un intendant sérieux qui me dirige et un page inquiet que je domine.

ACHILLE. — Je t'admire. (Il s'approche d'elle, la prend dans ses bras.) Je t'admire de voir si clair en toi et autour de toi... Et penser qu'à d'autres moments, tu es une petite sauvage inabordable... Alberte chérie! (Il va pour l'embrasser dans le cou, quand la porte du fond s'ouvre. Le public voit apparaître Clément. Achille et Alberte se retournent au moment où Clément referme la porte.) Qu'est-ce que c'est?

ALBERTE. — Eh bien, il y a qu'on nous a encore surpris.

ACHILLE. — Comment, encore?

ALBERTE. — C'est-à-dire... je veux dire que c'est encore plus embêtant.

ACHILLE. — Qui cela peut-il être?

ALBERTE. — Oh! Clément, parbleu!... Oh! je suis impardonnable... le ciel me punit...

ACHILLE. — Voyons! voyons! ne t'énerve pas...

ALBERTE. — Je m'étais juré que personne ne m'embrasserait plus jamais dans ce salon. Qu'est-ce qui va se passer, maintenant?

ACHILLE. — Oui, qu'est-ce qui va se passer? Il me semble qu'il n'y a qu'une solution; il faut prévenir loyalement Maurice...

ALBERTE. — Ah! non, par exemple! je ne recommence pas.

ACHILLE. — Pourtant, à moi, vous m'avez avoué tous les deux...

ALBERTE. — Ce n'était pas la même chose.

ACHILLE. — Pourquoi n'était-ce pas la même chose?

ALBERTE. — Parce que toi, tu étais un autre homme, tu étais soupçonneux, tu te tourmentais, tu me tourmentais aussi. Je te sentais là inquiet, anxieux... C'était insupportable... Tu souffrais certainement plus d'un soupçon que tu n'as souffert de la certitude.

ACHILLE. — C'est ce que tu as compris admirablement! Tu m'as collé une bonne certitude pour me guérir de mes soupçons.

ALBERTE. — C'est ton caractère, que veux-tu? Tu passais ton temps à te rendre malheureux avec les choses qui pouvaient arriver. Une fois qu'elles arrivaient, eh bien, tu avais épuisé ta douleur. Quand tu as été au courant, je ne dis pas que tu n'as plus été malheureux du tout, mais tu as été moins embêtant.

ACHILLE. — Oui, une fois que j'ai su mon malheur, il a été plus supportable... pour vous deux tout au moins...

ALBERTE. — Nous avons peut-être eu tort de t'avouer. On ne doit pas avouer ces choses-là... un mari... un mari ne doit rien savoir.

ACHILLE. — Alors tu crois qu'il vaut mieux ne rien dire à Maurice?

ALBERTE. — Certainement non! voyons! Maurice est un homme tranquille, parfaitement tranquille, pourquoi troubler sa tranquillité? Il a en lui-même une confiance énorme. Tout à l'heure, il me disait encore que je ne le tromperais jamais parce qu'il a une bonne santé... c'est même ce qui s'appelle en avoir une de santé! Une révélation serait terrible pour lui. Je frémis rien que d'y penser... Ce serait un vrai coup d'assommoir...

ACHILLE. — Mais enfin, qu'est-ce qui va se passer?... Est-ce que Clément ne va rien lui raconter?

ALBERTE. — Non, non. Je ne vois pas du tout Clément allant le dire à Maurice. Il ne te disait rien à toi, n'est-ce pas? Et même s'il allait lui raconter quelque chose, Maurice ne le croirait pas. C'est un homme qui ne croit que ce qu'il voit... Eh bien, maintenant, c'est à nous à ne pas nous faire voir. Que cet avertissement nous serve de leçon!

ACHILLE. — En tout cas, si Clément ne dit rien à Maurice, il va bavarder tout autour de nous.

ALBERTE. — Eh bien, et après? La première fois qu'il nous a surpris...

ACHILLE. — Pas nous.

ALBERTE. — C'est-à-dire qu'il m'a surprise, nous avons eu peur de lui parce qu'il allait apprendre aux gens que tu étais un mari complaisant... Voilà ce que les gens ne doivent pas savoir, voilà ce qui était grave... contraire à la morale... Tandis que cette fois-ci, qu'est-ce que tu veux qu'il leur apprenne, aux gens? Que j'ai trompé mon mari, voilà tout!... Je ne suis pas la seule!

ACHILLE. — Alors on laisse aller les choses?

ALBERTE. — C'est ce qu'il y a de mieux à faire...

ACHILLE. — Voilà les Thouvelin qui viennent...

ALBERTE. — Je ne veux pas les voir... Allons par là. (Ils sortent.)

Scène V

LES THOUVELIN

THOUVELIN. — C'est curieux ce qu'on voit peu les maîtres de la maison.

IRMA. — Ils sont pourtant rentrés; il y avait du monde dans le salon.

THOUVELIN. — Ils n'ont pas l'air d'être pressés de nous voir. Je me demande pourquoi nous passons notre temps à les chercher.

IRMA. — Le fait est... Des gens dont on entend dire tant de mal.

THOUVELIN. — C'est peut-être pour cela que nous tenons à les fréquenter...

Clément entre par le fond. Il a un air indifférent qui change soudain dès qu'il aperçoit les Thouvelin.

Scène VI

CLÉMENT, LES THOUVELIN, puis MAURICE,
puis ACHILLE et ALBERTE

CLÉMENT. — Si vous saviez ce que je viens de voir... ou d'entrevoir!... (Les Thouvelin se rapprochent.) Je ne veux rien affirmer, mais comme j'arrivais du petit débarras et comme j'ouvrais la porte, j'ai vu le patron et son ex-femme très près l'un de l'autre. Ça rebiche entre eux. Pas d'erreur!

THOUVELIN. — Qu'est-ce que vous dites là?

CLÉMENT. — Il y a du bon. Le ménage à trois se reforme. Je m'explique le changement d'humeur du patron. Tant que ça n'était pas reformé, ça marchait mal, maintenant que c'est reformé, ça va remarcher bien...

IRMA. — Oh! C'est tout de même scandaleux!

THOUVELIN. — Mais non!...

IRMA. — Comment, ce n'est pas scandaleux?

THOUVELIN. — Mais non, tout cela me paraît logique. Et c'est étonnant ce que cela me rappelle certaines observations d'histoire naturelle. On peut envisager le groupement de ces trois individus comme un organisme. Or, dans un organisme, il faut que chaque organe ait sa fonction.

CLÉMENT. — C'est ce qui arrivait jadis, quand Achille était le mari et Maurice l'amant.

THOUVELIN. — Oui. Et quand Maurice est devenu le mari, ce pauvre Achille n'a plus eu de fonction du tout. Il était l'intrus, le parasite. Il était condamné à disparaître, quand, heureusement, il a repris un rôle actif, qui assure à tout le groupe et à lui-même une vitalité nouvelle...

CLÉMENT. — Les voilà repartis!...

MAURICE, entrant. — Tiens, monsieur et madame Thouvelin! Quelle bonne surprise!... Où dînez-vous, ce soir?

IRMA. — Mais avec vous... Vous saviez bien que vous nous aviez promis une soirée. Vous allez nous faire le plaisir de venir dîner avec votre femme.

MAURICE. — C'est que nous avons un ami à dîner avec nous.

THOUVELIN. — Oh! mais Achille dîne aussi avec nous.

MAURICE. — Parfait! Parfait!... Où est donc Achille?...

ACHILLE, sortant de gauche. — Voilà... Voilà!

ALBERTE. — Voilà... (Elle aperçoit Clément. Très aimable.) Bonjour, cher monsieur Clément! Excusez-moi, je vous avais à peine dit bonjour tout à l'heure.

CLÉMENT, réservé. — Bonjour, madame.

ALBERTE. — Ah! ces amis Thouvelin, quelle bonne surprise!

IRMA. — Mais vous dînez avec nous?

ALBERTE, hésitante. — Eh bien, je ne sais pas.

IRMA. — Si, si, vous dînez avec nous tous les trois.

THOUVELIN. — Tous les trois.

TOUS. — Parfait.

CLÉMENT. — Tous les trois!

RIDEAU

Clément.   Achille.   Alberte.   Maurice.   Thouvelin.   Irma.

Clément : « Tous les trois! »

" Mais n'te promène donc pas toute nue ! "

COMÉDIE EN UN ACTE

par

GEORGES FEYDEAU

Mlle Cassive dans le rôle de Clarisse Ventroux.

Pho'. Electra.

" Mais n'te promène donc pas toute nue ! " *a été représenté pour la première fois, le 25 novembre 1911, au Théâtre Femina.*

PERSONNAGES

Clarisse Ventroux....................................... Mme A. CASSIVE.

Ventroux... MM. SIGNORET.

Hochepaix... GUYON fils.

Romain de Jaival....................................... ELIE FEBVRE.

Victor.. HERTÉ.

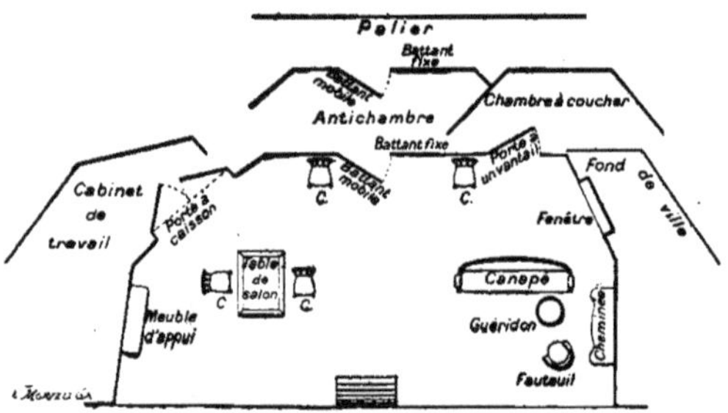

Mise en scène conforme à la représentation.

Ho.hepaix.   Clarisse. Victor.   Ventroux.   PHOT. BERT.

SCÈNE VI. — Ventroux : « *Qu'est-ce que c'est que cette façon de tenir Madame ?* »

" *Mais n'te promène donc pas toute nue !* "

————o————

ACTE PREMIER

Le salon des Ventroux. Au fond, au milieu de la scène, porte à deux vantaux, ouvrant sur l'intérieur (battant droit fixé par une ferrure extérieure). Cette porte donne sur le vestibule, au fond duquel, juste en face, on aperçoit la porte d'entrée ouvrant elle-même sur le palier (battant droit fixe). A droite de la porte du salon sur vestibule, également face au public, porte à un vantail ouvrant sur la coulisse, et menant à la chambre de Clarisse. A gauche de la scène, premier plan, un pan de mur contre lequel un meuble d'appui quelconque. Au deuxième plan, formant pan coupé, porte à caisson, à deux vantaux, conduisant dans le cabinet de travail de Ventroux. A droite de la scène, premier plan, la cheminée avec sa garniture et sa glace ; deuxième plan, grande fenêtre avec imposte. Entre rideaux et fenêtre, grand store de guipure descendant jusqu'en bas, et glissant sur tringle de l'avant-scène au lointain. Cordon de tirage, pour la manœuvre dudit store, côté gauche de la fenêtre. En scène, face au public, un grand canapé à dossier élevé, le côté droit du fauteuil touchant presque la cheminée côté lointain ; devant le canapé, à droite, sur un petit guéridon bas, une tasse à café, une petite cafetière, un sucrier ; tout sur un petit plateau. A l'avant-scène, près de la cheminée, dos au public, un fauteuil bergère à dossier bas. A gauche de la scène, une grande table de salon, placée perpendiculairement au spectateur ; une chaise de salon de chaque côté. Chaise à droite et à gauche de la porte du fond. Bouton de sonnette électrique au coin de la cheminée, côté de la fenêtre. Sur la table, un bloc-notes. Lustre, écran de foyer, chenets, etc. Le reste du mobilier ad libitum.

Scène première

VICTOR, puis VENTROUX

Au lever du rideau, Victor, sur un escabeau, arrange le cordon de tirage du store de la fenêtre. (Le battant gauche de la porte sur vestibule est ouvert.) A la cantonade, dans la chambre de Clarisse, on entend des bribes de conversation où domine la voix de Ventroux et de son fils, la voix de Clarisse étant plus lointaine, comme venant d'une pièce plus éloignée. Au bout d'un moment, on distingue ceci :

VOIX DE VENTROUX. — Comment ? Qu'est-ce que tu dis, Clarisse ?

VOIX DE CLARISSE, trop lointaine pour qu'on comprenne ce qu'elle dit. — ? ? ? ?

VOIX DE VENTROUX. — Oh ! bien, je ne sais pas ; aussitôt la fin de la session, nous partirons pour Cabourg.

VOIX DU FILS VENTROUX. — Oh ! c'est ça, papa ! Oh ! oui, pour Cabourg !

VOIX DE VENTROUX. — Oh ! ben, quoi ! Attends que la Chambre soit en vacances !

VOIX DE CLARISSE, au même diapason que les autres. — Attendez, mes enfants, que je prenne ma chemise de nuit !

VOIX INDIGNÉE DE VENTROUX. — Oh ! Clarisse ! Clarisse ! Voyons, tu perds la tête !

Voix de Clarisse. — Pourquoi ?

Voix de Ventroux. — Mais je t'en prie ! Voyons, regarde-toi ! Il y a ton fils !!

Voix de Clarisse. — Eh ! ben, oui ! ben oui ! le temps de prendre ma chemise de nuit, et...

Voix de Ventroux. — Mais non ! Mais non ! Je t'en prie, voyons ! tu es folle ! On te voit. Va-t'en !

Voix de Clarisse. — Ah ! Et puis, tu m'ennuies ! Si tu dois faire des scènes... !

Voix de Ventroux. — Ah ! non, tiens ! J'aime mieux m'en aller ! plutôt que de voir des choses... ! Et puis, toi, Auguste, qu'est-ce que tu as besoin de traîner dans la chambre de ta mère ?

Victor, qui, depuis un moment, s'est arrêté de son travail pour prêter l'oreille, — avec un hochement de tête. — Ils se bouffent !

Voix de Ventroux. — Allez, fiche-moi le camp !

Voix du fils Ventroux. — Oui, papa.

Ventroux, paraissant en scène en faisant claquer la porte sur lui. — Non ! Ce manque de pudeur !... (A Victor.) Et puis, qu'est-ce que vous faites là, vous ?

Victor, toujours sur son escabeau. — J'arrange les cordons de tirage.

Ventroux. — Vous ne pouvez pas vous en aller quand vous entendez que je... que je cause avec madame ?

Victor. — Je voulais finir, monsieur.

Ventroux. — Oui ! pour mieux écouter aux portes ?

Victor. — Aux portes !... Je suis à la fenêtre.

Ventroux. — C'est bon ! allez-vous-en !

Victor, abandonnant son store, qu'il laisse tiré grand ouvert, et descendant de son escabeau. — Oui, monsieur.

Il fait basculer les marches inférieures de l'escabeau, de façon à le replier.

Ventroux. — Et emportez votre escabeau !

Victor. — Oui, monsieur.

Il sort en emportant l'escabeau.

Ventroux, lui refermant avec humeur le battant de la porte sur le dos. — Il faut toujours qu'on l'ait dans les jambes, celui-là !

Il descend et, maussade, va s'asseoir à droite de la table.

Scène II

VENTROUX, CLARISSE

Clarisse, surgissant en coup de vent de sa chambre. Elle est en chemise de nuit, mais elle a son chapeau et ses bottines. — Descendant vers son mari. — Ah çà ! veux-tu me dire ce qui t'a pris ? après qui tu en as ?

Ventroux, le coude droit sur la table, le menton sur la paume de la main, sans se retourner. — Apparemment après qui le demande ! (Se retournant vers sa femme et apercevant sa tenue.) Ah ! non ! non ! tu ne vas pas aussi te promener dans l'appartement en chemise de nuit !... avec ton chapeau sur la tête !

Clarisse. — Oui, eh ! bien, d'abord, je te prie de m'expliquer... J'enlèverai mon chapeau tout à l'heure.

Ventroux. — Eh ! ton chapeau ! je m'en fiche pas mal, de ton chapeau ! C'est pas après lui que j'en ai !

Clarisse. — Enfin, qu'est-ce que j'ai encore fait ?

Ventroux. — Oh ! rien ! rien ! tu n'as jamais rien fait !

Clarisse, remontant vers le canapé. — Je ne vois pas... !

Ventroux, se levant. — Tant pis, alors ! car c'est encore plus grave, si tu n'as même plus conscience de la portée de tes actes.

Clarisse, s'asseyant sur le canapé. — Quand tu voudras m'expliquer !...

Ventroux. — Alors, tu trouves que c'est une tenue pour une mère d'aller changer de chemise devant son fils ?

Clarisse. — C'est pour ça que tu fais cette sortie ?

Ventroux. — Évidemment, c'est pour ça !

Clarisse. — Eh ! bien, vrai ! J'ai cru que j'avais commis un crime, moi.

Ventroux. — Alors, tu trouves ça naturel ?

Clarisse, avec insouciance. — Pffeu ! Quelle importance ça a-t-il ? Auguste est un enfant... Si tu crois seulement qu'il regarde, le pauvre petit ! Mais, une mère, ça ne compte pas.

Ventroux, tranchant. — Il n'y a pas à savoir si ça compte ; ça ne se fait pas.

Il remonte au-dessus du canapé.

Clarisse. — Un gamin de douze ans !

Ventroux, derrière elle. — Non, pardon, treize !

Clarisse. — Non, douze !

Ventroux. — Treize, je te dis ! il les a depuis trois jours.

Clarisse. — Eh ! bien, oui, trois jours ! ça ne compte pas.

Ventroux, redescendant au milieu de la scène. — Oui, oh ! rien ne compte avec toi.

Clarisse. — Si tu crois qu'il sait seulement ce que c'est qu'une femme !

Ventroux. — En tout cas, ce n'est pas à toi à le lui apprendre ! Mais, enfin, qu'est-ce que c'est que cette manie que tu as de te promener toujours toute nue ?

Clarisse. — Où ça, toute nue ? J'avais ma chemise de jour.

Ventroux. — C'est encore plus indécent ! On te voit au travers comme dans du papier calque.

Clarisse, se levant et allant à lui. — Ah ! Voilà ! Voilà, dis-le donc ! Voilà où tu veux en venir : tu voudrais que j'aie des chemises en calicot !

Ventroux, abasourdi. — Quoi ? Quoi des chemises en calicot ? Qui est-ce qui te parle d'avoir des chemises en calicot ?

Clarisse. — Je suis désolée, mon cher ! mais toutes les femmes de ma condition ont des chemises en linon, je ne vois pas pourquoi j'aurais les miennes en madapolam.

En parlant elle passe n° 1.

Ventroux, descendant à droite. — Ah ! bon ! les voilà en madapolam, à présent.

Clarisse. — Ah ! ben, merci ! Qu'est-ce que diraient les gens !

Ventroux, se retournant à ce mot. — Les gens ! Quelles gens ! Tu vas donc montrer tes chemises aux gens ?

Clarisse, faisant brusquement volte-face et marchant sur son mari. — Moi !... Moi, je vais montrer mes chemises aux gens ! Tu m'accuses de montrer mes chemises aux gens ! Voilà où tu en arrives !

Ventroux, appuyant sur chaque « non ». — Mais non ! Mais non ! Ne fais pas toujours dévier la conversation pour prendre l'offensive ! Je ne t'accuse de rien du tout ! Je ne te demande pas d'avoir des chemises en calicot, ni en madapolam ! Je te demande simplement, quand ton fils est dans ta chambre, d'avoir la pudeur de ne pas te déshabiller devant lui !

CLARISSE, avec un calme déconcertant. — Ah! bien, tu as de l'aplomb! C'est juste ce que j'ai fait!

VENTROUX, abasourdi par tant de toupet, la regarde, se prend le crâne comme pour l'empêcher d'éclater, puis, remonte en agitant ses mains au-dessus de sa tête. — Ah! bien, non, tu sais, tu parles d'aplomb!...

CLARISSE, remontant vers lui. — Absolument! Et c'est encore une preuve de ton éternelle injustice! (Descendant n° 2.) Essayez donc de faire plaisir aux gens! (S'asseyant sur le fauteuil, dos au public, près de la cheminée.) Comme je sais tes idées étroites et que vous étiez tous les deux dans ma chambre, j'ai été exprès me déshabiller dans mon cabinet de toilette.

VENTROUX, assis sur le canapé. — Oui, seulement, une fois que tu as été en chemise de jour, tu es arrivée dans ta chambre. Au choix, j'aurais préféré le contraire.

CLARISSE. — Mais c'était pour prendre ma chemise de nuit!

VENTROUX. — Oui. Oh! tu as toujours de bonnes raisons! Mais, d'abord, quel besoin as-tu de te mettre en chemise de nuit à quatre heures de l'après-midi?

CLARISSE. — Tiens! tu es bon, toi! on voit que ce n'est pas toi qui es allé crever de chaleur au mariage de la petite Duchômier. (Se levant.) Et tiens, encore ça, pour qui y ai-je été? hein? C'est pour toi, c'est pas pour moi, bien sûr! (Elle gagne le milieu de la scène tout en parlant.) pour t'épargner une corvée!... comme toujours!... Car, enfin, ce n'est pas moi qui suis le collègue du père à la Chambre! Je ne suis pas député, moi! c'est toi. Tu as une façon de me remercier!

VENTROUX, haussant les épaules. — Il ne s'agit pas de te remercier...!

CLARISSE, lui coupant la parole. — Oh! je sais, tout t'est dû! Un remerciement de ta part, je suis encore à l'attendre! (Remontant vers lui.) N'empêche que quand je suis rentrée, en transpiration, j'ai éprouvé le besoin de me mettre à l'aise. Je crois que ça m'est permis?

VENTROUX. — Eh! bien, oui, ça...! ça, j'admets!

CLARISSE, remontant au-dessus du canapé. — C'est encore heureux! Parbleu, tu es au frais, ici! Tu ne te doutes pas que dehors nous avons au moins... trente-cinq ou trente-six degrés... de latitude!

VENTROUX, ironique. — De latitude?

CLARISSE, à qui l'intention de son mari échappe. — Trente-six degrés, parfaitement!

VENTROUX. — Quoi, « de latitude »? Qu' ça veut dire, ça, « de latitude »?

CLARISSE, au-dessus du canapé, sur un ton d'ironie légèrement méprisante. — Tu ne sais pas ce que c'est que « latitude »? Tu ne sais pas ce que c'est que « latitude »? (Descendant.) Eh! bien!... c'est triste, à ton âge! (Arrivée à droite de la table, se retournant vers son mari, et l'écrasant de sa supériorité.) « Latitude », c'est le thermomètre.

VENTROUX, sur un ton moqueur. — Ah?... Je te demande pardon! J'ignorais.

CLARISSE. — C'est pas la peine d'avoir été au collège. (S'asseyant sur la chaise, à droite de la table.) Quand on pense que, par trente-six degrés... de latitude, tu nous imposes d'être encore à Paris! Tout ça parce que tu es député, et que tu ne peux pas quitter la Chambre avant la fin de la session!... Je te demande un peu! comme si la Chambre ne pouvait pas se passer de toi!

VENTROUX, se levant d'un trait, et à pleine voix. — Je ne sais pas si la Chambre peut ou non se passer de moi; ce que je sais, c'est que, quand on a assumé une fonction, on la remplit! Ah! ben! ce serait du joli, si, sous prétexte qu'individuellement la Chambre n'a pas positivement besoin de chacun de nous, chaque député se mettait à fiche le camp! Il n'y aurait plus qu'à fermer la Chambre!

Il remonte.

CLARISSE. — Eh! ben! la belle affaire! ça n'en irait pas plus mal! C'est toujours quand 'a Chambre est en vacances que le pays est le plus tranquille; alors...!

VENTROUX, qui est redescendu à gauche de la table. — En appuyant sur les mots: — Mais, ma chère amie, nous ne sommes pas à la Chambre pour que le pays soit tranquille! C'est pas pour ça que nous sommes élus! Et puis, et puis enfin, nous sortons de la question! Je te demande pourquoi tu te promènes en chemise, tu me réponds en faisant le procès du parlementarisme; ça n'a aucun rapport.

Il s'assied face à sa femme.

CLARISSE. — Je te demande pardon, ça en a! Parce que, à cause de ton Parlement, nous sommes encore à Paris par trente-six degrés... de latitude...

VENTROUX, narquois. — Tu y tiens.

CLARISSE. — Parfaitement! Parce que, par trente-six degrés... de latitude, je suis en transpiration; parce que, étant en transpiration, j'ai éprouvé le besoin de changer de chemise; et que, parce que j'ai changé de chemise, tu as éprouvé, toi, le besoin de m'attraper!

VENTROUX. — Je ne t'ai pas attrapée parce que tu as changé de chemise; je t'ai attrapée parce que tu te promenais devant ton fils en chemise transparente.

CLARISSE. — Est-ce que c'est de ma faute si on voit au travers?

VENTROUX. — Non! mais c'est de ta faute si tu entres avec dans ta chambre.

CLARISSE. — Ah! non, ça, c'est le comble! Je n'ai plus le droit d'entrer dans ma chambre, maintenant?

VENTROUX. — Mais je n'ai jamais parlé de ça! Ne me fais donc pas dire ce que je ne dis pas!

CLARISSE, sans l'écouter. — Où veux-tu que j'aille me déshabiller? à la cuisine? à l'office? devant les domestiques? Ah! c'est pour le coup que tu crierais comme un putois.

VENTROUX. — Cette mauvaise foi dans la discussion...!

CLARISSE, se levant, et remontant vers le canapé. — Il n'y a pas de mauvaise foi! Je suis chez moi dans ma chambre! c'est vous qui n'aviez pas besoin d'y être! Je ne vous ai pas demandé d'y venir, n'est-ce pas? (S'asseyant sur le canapé.) Eh! bien, si ma tenue vous gênait, vous n'aviez qu'à vous en aller.

VENTROUX, se levant. — Voilà! Voilà sa logique!

CLARISSE. — C'est vrai, ça!... Me faire une scène parce que je suis entrée en chemise de jour! (Brusquement et presque crié.) Mais comment voulais-tu que je fasse, puisque ma chemise de nuit était dans ma chambre?

VENTROUX, allant à elle. — Eh! bien, j'étais là! Tu n'avais qu'à me la demander! Je te l'aurais apportée!

CLARISSE, avec une logique déconcertante. — Alors, c'était la même chose: tu m'aurais vue toute nue.

VENTROUX. — Mais moi, moi! je suis ton mari!

CLARISSE. — Eh! bien, lui! c'est mon fils!

VENTROUX, se prend les cheveux à se les arracher, et, d'une voix larmoyante. — Ah! non! C'est à décourager! (A Clarisse.) Alors, tu trouves que c'est pareil?

CLARISSE. — Mais... c'est plus près!

VENTROUX. — Oh!

CLARISSE. — En somme, toi, quoi? tu es un étranger pour moi! Tu es mon mari, mais c'est une convention! Quand je t'ai épousé, — je ne sais pas pourquoi? —...

VENTROUX, s'incline, puis: — Merci.

CLARISSE, sans s'interrompre. — ...je ne te connaissais pas; et, crac, du jour au lendemain, parce qu'il y avait un gros monsieur en ceinture tricolore devant qui on avait dit « oui », c'était admis! tu me voyais toute nue. Eh! ben, ça, c'est indécent.

VENTROUX. — Ah! tu trouves!

CLARISSE. — Tandis que mon fils, quoi? C'est ma chair! c'est mon sang! Eh! ben... que la chair de ma chair voie ma chair, il n'y a rien d'inconvenant! (Se levant.) à part les préjugés!

VENTROUX. — Mais c'est tout, les préjugés! c'est tout!

CLARISSE, passant devant lui, avec hauteur. — Pour les esprits mesquins, oui! Mais, Dieu merci! je suis au-dessus de ça!

VENTROUX, s'effondrant sur le fauteuil, près de la cheminée. — Voilà! Voilà! elle est au-dessus de ça! elle arrange tout comme ça!

CLARISSE, revenant à la charge, tout en allant s'asseoir sur le canapé. — Non, mais, enfin... est-ce que, depuis la plus tendre enfance du petit, il n'a pas vingt-cinq mille fois assisté à ma toilette? Et tu n'as jamais rien dit!

VENTROUX. — Il y a tout de même un jour où il faut que ces choses-là cessent.

CLARISSE, exaspérante de calme. — Oui. Oh!... J' te dis pas!

VENTROUX. — Eh! ben, alors?

CLARISSE, les yeux au plafond. — Bon!... Quand?

VENTROUX. — Quoi, « quand »?

CLARISSE, même jeu. — Quel jour?... A quelle heure?

VENTROUX. — Quoi? quoi? « Quel jour? A quelle heure? »

CLARISSE. — Cesse-t-on? Il doit y avoir un jour; une heure spéciale. Pourquoi particulièrement aujourd'hui? Pourquoi pas hier? Pourquoi pas demain? Alors, je te demande: « Quel jour?... Quelle heure? »

VENTROUX, répétant sur le même ton. — « Quel jour, quelle heure! » Elle vous a de ces questions!... Est-ce que je sais, moi? Comment veux-tu que je précise?

CLARISSE. — Tu ne peux pas préciser! (Se levant, et s'avançant sur son mari.) Tu ne peux pas préciser! Ça, c'est merveilleux! Et alors, tu veux que, moi, une femme! qui, par définition, dois être moins intelligente que toi — du moins, c'est toi qui le dis — tu veux que, moi, je sois à même de le faire, quand, toi, tu t'en déclares incapable!

VENTROUX, hors de lui. — Mon Dieu, que c'est bête, ce que tu dis là!

CLARISSE, gagnant la gauche. — Mais non! tu m'attaques, je me défends.

VENTROUX, se levant, et allant à elle. — Enfin, qu'est-ce que tu veux me prouver? Qu'une mère a raison de se montrer en chemise à son fils?

CLARISSE, adossée contre le devant de la table de gauche. — Mais ce n'est pas là-dessus que j'en suis! Ça t'est

désagréable, eh! bien, c'est bon!... tu n'as qu'à me le dire sans t'emporter; je ferai attention.

VENTROUX, peu convaincu. — Oui! oh! tu feras attention! (S'asseyant à droite de la table.) tu sais très bien que non! tu ne peux pas ne pas traîner en chemise; c'est plus fort que toi.

CLARISSE. — Oh! que c'est exagéré!

VENTROUX. — Tous les jours je t'en fais l'observation.

CLARISSE. — Je t'assure, non! si tu me vois quelquefois comme ça le matin, c'est que ma toilette n'est pas faite, mais une fois que je suis habillée, je te certifie...

VENTROUX. — ... que tu n'es plus en chemise; oh! ça, évidemment! Seulement, tu ne l'es jamais, habillée!

CLARISSE, s'emportant. — Enfin, quoi? Qu'est-ce que tu veux? Que je ne fasse pas ma toilette?

VENTROUX. — Mais si! Mais si! fais-la, ta toilette! mais reste chez toi pour la faire!... et ferme ta porte! Elle est toujours ouverte dans ces moments-là! Comme c'est convenable pour les domestiques!

CLARISSE. — Quoi? ils n'entrent pas.

VENTROUX. — Ils n'ont pas besoin d'entrer pour te voir, ils n'ont qu'à regarder.

CLARISSE. — Si tu crois qu'un domestique ça regarde!

VENTROUX. — Oui, oh! n'est-ce pas? c'est pas des hommes comme les autres?... Non, mais, c'est drôle, ça! tu laisses ta porte ouverte quand tu fais ta toilette!... et tu t'enfermes pour mettre ta voilette!

CLARISSE, avec les petits gestes étriqués et tatillons des femmes maniaques. — Ah! oui, parce que, là, je n'aime pas à être dérangée quand je mets ma voilette; j'aime pas qu'on tourne autour de moi, j'en viens pas à bout.

VENTROUX, se levant et remontant au-dessus du canapé. — C'est vraiment dommage qu'il n'en soit pas de même pour tes ablutions!... Mais pas seulement ça! tu fais mieux encore: tu allumes dans ton cabinet de toilette... et tu ne fermes pas tes rideaux!

CLARISSE, avec un geste indigné. — Oh! quand?

VENTROUX. — Mais... hier!

CLARISSE, subitement calmée. — Ah! bien, oui, hier.

VENTROUX. — Parce que tu ne vois plus au dehors, tu es comme l'autruche: tu t'imagines qu'on ne te voit pas du dehors.

CLARISSE, allant s'adosser contre le devant de la table. — Avec insouciance. — Oh! qui veux-tu qui regarde?

VENTROUX. — Qui? (Indiquant la fenêtre du geste.) Mais Clemenceau, ma chère amie!... Clemenceau, qui demeure en face!... et qui est tout le temps à sa fenêtre!

CLARISSE. — Bah! il en a vu bien d'autres, Clemenceau!

VENTROUX. — C'est possible!... C'est possible, qu'il en ait vu d'autres, mais j'aime autant qu'il ne voie pas celle-là. Ah! ben, je serais propre!

Il s'assied sur le canapé.

CLARISSE. — En quoi?

VENTROUX. — En quoi? Mais tu n'y songes pas! Tu ne connais pas Clemenceau! c'est notre premier comique, à nous!... Il a un esprit gavroche! Il est terrible! Qu'il fasse un mot sur moi, qu'il me colle un sobriquet, il peut me couler!

CLARISSE. — T'as pas ça à craindre, il est de ton parti.

VENTROUX. — Mais, justement ! c'est toujours dans son parti qu'on trouve ses ennemis ! Clemenceau serait de la droite, parbleu, je m'en ficherais !... et lui aussi !... mais, du même bord, on est rivaux ! Clemenceau se dit qu'il peut redevenir ministre !... que je peux le devenir aussi !...

CLARISSE, le toisant. — Toi ?

VENTROUX, se levant. — Quoi ? Tu le sais bien ! Tu sais bien que, dans une des dernières combinaisons, à la suite de mon fameux discours sur la question agricole, on est venu tout de suite m'offrir... le portefeuille de la Marine.

CLARISSE, s'asseyant à droite de la table. — Oui, oh !...

VENTROUX. — Ministre de la Marine ! tout de même, hein ? tu me vois ?

CLARISSE. — Pas du tout.

VENTROUX, vexé. — Naturellement.

CLARISSE. — Ministre de la Marine ! tu ne sais même pas nager !

VENTROUX. — Qu' ça prouve, ça ? Est-ce qu'on a besoin de savoir nager pour administrer les affaires de l'Etat ?

CLARISSE. — Pauvres affaires !

VENTROUX, tout en parlant, gagnant par le fond, la gauche de la scène, de façon à descendre à gauche de la table. — Oui, c'est entendu ! Oh ! d'ailleurs, je me demande pourquoi je discute ? On n'est jamais prophète dans son pays. Heureusement que ceux qui ne me connaissent pas me jugent d'autre façon que toi ! S'asseyant sur la chaise, à gauche de la table et face à sa femme.) Eh ! bien, je t'en supplie ! n'entrave pas ma carrière en compromettant une si belle situation par des imprudences dont l'effet peut être irréparable.

CLARISSE, haussant les épaules. — Irréparable !...

VENTROUX.. — Songe que tu es la femme d'un ministre de demain ! Eh ! bien, quand tu seras ministresse, est-ce que tu te baladeras dans les couloirs du ministère en chemise ?

CLARISSE. — Mais non ! bien entendu !

VENTROUX. — Et quand je dis ministre ! On ne sait pas ! C'est le beau du régime : tout le monde peut aspirer quelque jour à devenir président de la République. Eh ! bien, que je le devienne ! (Elevant la main comme pour parer à une objection.) mettons ! On reçoit des rois !... des reines ! Est-ce que tu les recevras en chemise ?

CLARISSE. — Oh ! non ! non !

VENTROUX. — Est-ce que tu te montreras à eux comme ça ?

CLARISSE. — Mais non, voyons !... Je mettrai ma robe de chambre.

VENTROUX, se levant en se prenant la tête à deux mains. — Sa robe de chambre ! elle mettra sa robe de chambre !...

CLARISSE. — Enfin, je mettrai ce que tu voudras !

VENTROUX, devant la table. — Non, c'est effrayant, ma pauvre enfant ! tu n'as aucune idée de ce que c'est que la correction.

CLARISSE, se dressant avec un geste indigné. — Moi ?

VENTROUX, avec indulgence, en lui prenant la main. — Oh ! Je ne t'en veux pas ! Ce n'est pas du vice, chez toi ; au contraire, c'est de l'ingénuité. N'empêche que, par deux chemins opposés, on arrive quelquefois au même résultat.

Il passe n° 2.

CLARISSE. — Oh ! cite-moi un cas !... cite-moi un cas où j'aie été incorrecte !

VENTROUX. — Oh ! pas bien loin à chercher ! pas

plus tard qu'hier, tiens, quand Deschanel est venu me voir.

CLARISSE. — Eh ! ben ?

VENTROUX. — Il n'y avait pas cinq minutes que je te l'avais présenté, que tu ne trouves rien de mieux à lui dire que : « Ah ! que c'est curieux, l'étoffe de votre pantalon ! Qu'est-ce que c'est que ce tissu-là ? » Et tu te mets à lui peloter les cuisses !

CLARISSE. — Oh ! les cuisses, les cuisses ! Je ne m'occupais que de l'étoffe.

VENTROUX. — Oui, mais, les cuisses étaient dessous ! Tu trouves que c'est une tenue ?

CLARISSE. — Eh ! ben, comment voulais-tu que je fasse ? Je ne pouvais pourtant pas lui demander d'ôter son pantalon, à ce monsieur que je voyais pour la première fois !

VENTROUX, écartant de grands bras. — Voilà ! Voilà ! Mais tu pouvais te passer de tâter l'étoffe ! Il me semble que Deschanel a un passé politique suffisant pour te permettre de trouver autre chose à lui dire que de lui parler de son pantalon !... surtout avec gestes à l'appui.

CLARISSE, gagnant l'extrême gauche. — Oh ! tu vois du mal dans tout.

VENTROUX, haussant les épaules, tout en remontant. — Ah ! oui, je vois du mal dans tout !

CLARISSE, se retournant brusquement et allant s'asseoir à gauche de la table. — Non, mais je te conseille de critiquer, toi qui es si sévère pour les autres ! Tu parles de ma tenue ! Eh ! bien, et la tienne ?... l'autre jour ?... au déjeuner sur l'herbe ?... avec Mlle Dieumamour ?

VENTROUX. — Quoi ? Quoi ? Mlle Dieumamour ?

CLARISSE. — Quand tu lui as sucé la nuque ? Tu trouves cela convenable ?

VENTROUX. — Quand je lui ai... (Se prenant le front à deux mains.) Ah ! non, non ! Quand les femmes se mêlent d'écrire l'histoire !...

Il s'assied à droite de la table.

CLARISSE. — Quoi ? Tu ne lui as pas sucé la nuque ?

VENTROUX, avec force. — Si, je lui ai sucé la nuque ! Evidemment, je lui ai sucé la nuque ! Je lui ai sucé la nuque, et je m'en vante ! C'est tout à mon honneur !

CLARISSE. — Ah ?... tu trouves !

VENTROUX. — Tu ne penses pas que ce soit par un désir inspiré par ses quarante printemps, et les trous de petite vérole qu'elle a sur le nez...?

CLARISSE. — Est-ce qu'on sait jamais, avec les hommes ! c'est si vicieux !

VENTROUX. — Oui, oh ! ben, je t'assure !... Seulement, elle avait été piquée par une mauvaise mouche ; la piqûre avait un sale aspect ! c'était déjà tout enflé ! je ne pouvais pas la laisser crever du charbon par respect des convenances !

CLARISSE, haussant les épaules. — Du charbon ! Qu'est-ce que tu en sais, si la mouche était charbonneuse ?

VENTROUX, sur un ton coupant. — Je n'en sais rien !... Mais, dans le doute, je n'avais pas à hésiter. Une piqûre de mouche peut être mortelle, si on ne cautérise pas, ou si on ne suce pas immédiatement la plaie. Il n'y avait rien pour cautériser ; je me suis dévoué ! J'ai fait ce que commandait la charité chrétienne !... (Geste large, puis :) J'ai sucé !

CLARISSE. — Oui, ah ! c'est commode ! Avec ce système-là, il n'y a plus qu'à sucer la nuque à toutes les femmes qui vous plaisent, sous prétexte qu'elles ont peut-être été piquées par une mouche charbonneuse.

VENTROUX. — Là! là! Qu'est-ce que tu vas chercher? Alors, tu crois que c'est pour mon agrément que j'ai fait ça?

CLARISSE, sans conviction. — Non! non!

VENTROUX. — J'en ai gardé pendant deux heures un goût de vieille chandelle et de cosmétique rance dans la bouche! Si tu trouves que ce n'est pas méritoire!

CLARISSE. — Oh! si! si! Tout ce que les autres font, c'est mal! mais, toi! c'est toujours admirable!

Elle se lève.

VENTROUX. — Je ne dis pas ça!...

CLARISSE, au-dessus de la table, en se penchant vers son mari toujours assis. — Tout de même, moi, si j'avais été sucer la nuque à M. Deschanel!... Ah! ben, merci! qu'est-ce que j'aurais pris pour mon rhume!

Elle descend n° 2.

VENTROUX. — Oh! ben, tiens, naturellement!

CLARISSE. — Voilà! voilà! Qu'est-ce que je disais? (Se campant devant son mari.) et tu appelles cela de la justice?

VENTROUX, lui prend la main, la regarde en dodelinant de la tête; puis, avec un rire indulgent. — Oh! tiens! tu as un mode de discussion qui vous désarme!

CLARISSE. — Quoi! C'est pas vrai?

VENTROUX, l'attirant à lui, et à pleine voix, en appuyant sur les mots. — Oui, là! oui!... tu as raison!... tu as toujours raison! c'est la dernière fois que je suce la nuque à Mme Dieummamour!

CLARISSE, vivement. — Oh! je ne te demande pas ça! Si elle est repiquée, cette malheureuse, ton devoir d'homme...!

VENTROUX. — Là! eh! bien, tu vois bien que tu es de mon avis!

CLARISSE, tout contre lui, et sur un ton pleurnichard. — Mais c'est qu'aussi tu m'irrites! tu me dis des choses blessantes; alors, c'est plus fort que moi, je me bute.

VENTROUX. — Moi, je te dis des choses blessantes!

CLARISSE. — Oui! que je me promène toute nue et que j'ai sucé la nuque à M. Deschanel.

VENTROUX. — Je ne t'ai jamais dit ça!

CLARISSE. — Non, enfin, que j'ai pincé les cuisses à M. Deschanel.

VENTROUX. — Enfin, sapristi, quand tu fais des choses que je désapprouve, j'ai bien le droit de te faire des observations.

CLARISSE, s'asseyant sur son genou. — Je ne dis pas le contraire, mais tu peux me les faire gentiment! Tu sais bien que, quand tu me parles avec douceur, tu fais de moi tout ce que tu veux.

VENTROUX. — Eh! bien, soit! gentiment, là! Je te supplie de ne plus te promener toujours en chemise comme tu le fais.

CLARISSE. — Eh! bien, oui! dis-moi ça comme ça!

VENTROUX. — A la bonne heure! Voilà comme j'aime à t'entendre parler!

CLARISSE, la tête sur son épaule. — Tu vois comme je suis raisonnable, quand tu veux.

A ce moment, Victor, arrivant du fond, entre carrément dans le salon.

Scène III

LES MÊMES, VICTOR

VICTOR, en voyant Clarisse en chemise sur les genoux de Ventroux, — se détournant vivement. — Oh!

CLARISSE, se retournant au cri; puis, à la vue de Victor: — Oh!

Elle ne fait qu'un bond vers la fenêtre, bousculant au passage à le renverser Victor, qui, le dos tourné, lui barre la route par sa présence.

VENTROUX, toujours assis, mais se redressant sur la paume des mains. — Hein? Quoi? Qui est là?

VICTOR, sans se retourner. — Moi, monsieur!

CLARISSE, dans la fenêtre, ramenant contre elle le bas du rideau sans défaire l'embrasse. — Ne regardez pas! Ne regardez pas!

VICTOR, sur le ton blasé d'un homme qui en a vu d'autres. — Oh!...

VENTROUX, traversant la scène et avec rage. — Ah! « Ne regardez pas! Ne regardez pas! » Il est bien temps!

CLARISSE, pour le calmer. — Mais je suis derrière le rideau!

VENTROUX, devant le canapé. — Qu' ça fait, ça? Il t'a vue en chemise, maintenant, ce garçon.

VICTOR (1), sur le même ton blasé. — Oh!... je ne suis pas nouveau dans la maison!...

VENTROUX, descendant à l'extrême droite. — Ça y est! voilà! c'est clair! ce n'est pas la première fois qu'il te voit en chemise! C'est charmant!

CLARISSE (3). — Je t'assure, mon ami...!

VENTROUX, remontant près du canapé. — Oh! laisse-moi tranquille! Quand tu sais qu'une chose m'est désagréable...!

VICTOR, dans un bon sentiment. — Que monsieur ne se fasse pas de mauvais sang! J'ai ma payse, alors...!

VENTROUX, bondissant sur lui. — Qu'est-ce que vous dites? Ah çà! dites donc, vous, « Vous avez votre payse »! Est-ce que vous supposez que madame...?

VICTOR, protestant. — Oh! monsieur...!

VENTROUX. — Enfin, quoi? Qu'est-ce qu'il y a? Qu'est-ce que vous voulez?

VICTOR. — C'est pour dire à monsieur qu'il était venu ce matin un monsieur qui a laissé sa carte.

VENTROUX, lui arrachant la carte d'un geste sec. — Qui ça? (Passant n° 1 tout en maugréant.) Cette façon de fourrer son nez partout!... (Ayant lu.) Ah! non! c'est pas possible? Ah! bien, celle-là! Il est venu, lui?...

VICTOR. — Lui, parfaitement!

VENTROUX, pour le rappeler à l'ordre, sur un ton bourru. — Quoi? Quoi « lui »? Qui, « lui »?

VICTOR, sans se déconcerter. — Ce monsieur; et il a dit qu'il repasserait à quatres heures et demie.

VENTROUX. — Ah! bien, celle-là!... (Brusquement à Victor.) Ça va bien! Allez!

Il descend à droite.

VICTOR. — Oui, monsieur.

Il sort.

Scène IV

CLARISSE, VENTROUX

CLARISSE, sortant de derrière son rideau en poussant un soupir de soulagement. — Ah!... ouf!

VENTROUX. — Oui, ah! je t'engage à dire ouf!... Ah! je ne suis pas fâché de ce qui t'arrive!

CLARISSE, qui a longé le canapé pour redescendre vers son mari. — Oui ? Ah ! ben, tant mieux ! Je craignais que ça t'ait mécontenté ?

VENTROUX, ahuri par cette interprétation. — Hein ?... (Avec colère.) Mais oui, ça m'a mécontenté ! Sûrement, que ça m'a mécontenté !

CLARISSE. — Mais, alors, pourquoi dis-tu que tu n'es pas fâché...?

VENTROUX, même jeu. — Je ne suis pas fâché de ce qui t'arrive, parce que, peut-être, ce te sera une leçon pour l'avenir.

Il s'assied avec humeur sur le fauteuil près de la cheminée.

CLARISSE, devant la cheminée. — Ah ? J'avais pas compris ça. J'avais cru à un mot gentil de ta part.

VENTROUX. — C'est ça ! à un mot d'encouragement ?

CLARISSE. — Oh ! ben, qu'est-ce que tu veux, c'est un petit malheur ! (Se penchant vers son mari.) Qui c'est le monsieur dont on t'a remis la carte ?

VENTROUX, ronchonnant. — Un petit malheur, voilà ! C'est tout l'effet que ça lui fait !

CLARISSE. — Mais quand je m'arracherais les cheveux !... (Changeant de ton.) Le monsieur, qui c'est, j' te demande ?

VENTROUX, rageur. — Qui ? Quoi ? Quel monsieur ?

CLARISSE. — Dont on t'a remis la carte.

VENTROUX, se levant, et avec humeur. — Eh ! Qu'est-ce que ça te fait ? (Il gagne le milieu de la scène.)

CLARISSE, vexée. — Ah ! je te demande pardon !...

Elle s'assied à la place laissée vacante par Ventroux.

VENTROUX, revenant à sa femme. — Eh ! ben, tiens, puisque tu veux le savoir, c'est un monsieur devant lequel il est très heureux que tu ne te sois pas montrée en chemise, en compagnie de ton domestique !... parce qu'alors mon compte aurait été bon auprès de mes électeurs...

En ce disant, il s'est assis sur le canapé.

CLARISSE. — Pourquoi ?

VENTROUX. — Parce que si je prêtais le flanc à ses commérages, à celui-là !... Ah ! Ah !... (Changeant de ton.) C'est l'homme qui a mené la campagne la plus acharnée contre moi au moment de mon élection.

CLARISSE. — Non ?... Ce n'est pas M. Hochepaix ?

VENTROUX. — Le maire de Moussillon-les-Indrets lui-même !

CLARISSE. — Comment ! cet homme qui a tout fait pour faire passer ton concurrent, le marquis de Berneville !

VENTROUX. — Le socialiste unifié ! Parfaitement !

CLARISSE, se levant et gagnant la gauche. — Ah ! ben ! il a du culot ! (S'adossant au devant de la table.) Cet homme qui a dit de toi... ping pang !

VENTROUX, la regarde, étonné, puis, lentement, se lève et va vers elle. Une fois arrivé près de Clarisse, sur un ton narquois. — Comment dis-tu ça ?

CLARISSE, le plus naturellement du monde. — Ping pang !

VENTROUX, répétant en riant. — « Ping pang »!... (Corrigeant.) « Pis que pendre »!... pas « ping pang »!

CLARISSE, même jeu. — On ne dit pas ping pang ?

VENTROUX, du tac au tac. — On ne dit pas ping pang.

CLARISSE. — J'ai toujours entendu dire ping pang !

VENTROUX, sur le même ton qu'elle. — Tu as toujours mal entendu.

CLARISSE. — Ah ! ben, c'est donc ça que je ne comprenais pas l'expression...

VENTROUX, ironique. — C'est donc ça, évidemment !

CLARISSE. — D'ailleurs, ça m'est égal ! ping pang ou pis que pendre, j'espère que tu vas le mettre à la porte, ce monsieur, avec tous les honneurs qui lui sont dus !

VENTROUX. — Au contraire, je serai le plus aimable possible ! et même, si tu le vois, je te prie également (Appuyant sur le mot.) d'affecter la plus grande amabilité.

CLARISSE, étonnée. — Ah !

VENTROUX. — Hochepaix chez moi ! C'est ma revanche. Ensuite, ç'a beau être le dernier des chameaux...

CLARISSE. — Oh ! oui, des chameaux !

VENTROUX. — ...il faut penser que c'est un gros industriel ; que, dans sa fabrique de tissus, il emploie de cinq à six cents ouvriers, autant de voix dont il dispose, il est donc de se le ménager. Il faut être pratique dans la vie. (Tirant sa montre.) En attendant, il est près de quatre heures et demie ; il ne va pas tarder ; va, va t'habiller !

Il la fait passer n° 2.

CLARISSE, remontant. — C'est ça ! c'est ça ! (Se ravisant et redescendant au-dessus du canapé.) Ah !

Elle va presser le bouton électrique.

VENTROUX, qui a gagné la gauche. — Qu'est-ce que tu fais ?

CLARISSE. — Je sonne Victor.

VENTROUX, narquois. — Tu trouves qu'il ne t'a pas assez vue ?

CLARISSE, battant l'air de la main d'un geste gentil, comme pour envoyer une tape à son mari, puis. — Méchant !... c'est pour qu'il emporte ton plateau ; (Contournant le canapé pour aller, tout en parlant, devant le petit guéridon sur lequel est le café.) je lui ai déjà dit vingt fois d'enlever les tasses quand on a fini de prendre le café ! C'est laid de voir des tasses qui traînent ; et puis, ça attire les mouches ! et les guêpes !... tiens ! regarde-moi ça ! (Ramenant dans sa main le bas du devant de sa chemise de façon à en faire une sorte de chasse-mouches qu'elle agite au-dessus du guéridon.) Allez ! allez !... Allez, les mouches !... allez, les guêpes !... allez, mesdames !... (A Ventroux.) Je ne peux pas voir le désordre ; j'aime la tenue dans ma maison ; j'aime la tenue !

VENTROUX, montrant la tenue de sa femme. — Elle aime la tenue !

CLARISSE, qui est remontée au-dessus du canapé. — Et, maintenant, comme je ne veux pas que Victor me voie en chemise...

VENTROUX, moqueur. — Non, vraiment ?

CLARISSE, du même geste gentil que précédemment, elle lui envoie de loin une tape de la main, puis. — Ne sois pas taquin ! (Tout en appuyant, par-dessus le canapé, sur le bouton électrique.) Quand il viendra, tu lui diras d'enlever tout ça, hein ?

VENTROUX. — Oui, eh ! ben, c'est pas la peine de te fatiguer ; la sonnette ne marche pas. Il sera arrivé quelque chose dans la pile.

CLARISSE. — Ah ! ben, sans doute qu'elle est à sec ! elle a soif ; il n'y a qu'à remettre de l'eau !

VENTROUX. — Peut-être ! j'en sais rien !

Il remonte.

CLARISSE. — Je vais lui donner à boire.

VENTROUX, l'accompagnant. — C'est ça ! va ! va !

CLARISSE. — Oui.

Elle sort par le fond à droite.

VENTROUX, au moment de refermer la porte, la rouvrant pour une dernière recommandation. — Et passe ta robe de chambre!

VOIX DE CLARISSE, dans sa chambre. — Mais oui, tu sais bien que quand tu me demandes gentiment, tu sais bien que je me fais une joie...

La voix se perd dans le lointain.

Scène V

VENTROUX, puis VICTOR, puis HOCHEPAIX

VENTROUX, après avoir refermé la porte sur lui, reste un instant sur place, lève les yeux au ciel avec un geste de la main et un hochement de tête significatifs; puis, après s'être pris le front une seconde, va jusqu'à la fenêtre dont le store est toujours tiré. A ce moment son regard s'arrête sur un point que le public n'aperçoit pas. Il fait: « Ah! » puis, tout en saluant de la main.) Bonjour! bonjour! (Au public, avec un ricanement amer.) Clemenceau! (Avec rage, il referme le store.) Il n'a donc rien à faire, c't'homme-là! (A ce moment on entend un timbre résonner extérieurement.) Ah!... L'autre, maintenant!

En ce disant, il a traversé la scène; il remonte côté gauche de la table, contre laquelle il se campe dans une attitude de dignité.

VICTOR (n° 2), annonçant. — Monsieur Hochepaix!

Hochepaix (3) entre et s'arrête sur le pas de la porte, un peu hésitant.

VENTROUX, sans même tourner la tête et d'un ton détaché. — Entrez!

HOCHEPAIX, s'avançant. — Pardon!

VENTROUX, sur le même ton, à Victor. — Laissez-nous! (Tandis que Victor, après avoir jeté sur son maître un regard d'étonnement, quitte la pièce, — sur un ton froid et dédaigneux, à Hochepaix.) Seyez-vous, je vous prie!

HOCHEPAIX, à droite de la table. — Mon cher député...!

VENTROUX, l'arrêtant du geste. — Oh!... « cher »!

HOCHEPAIX, qui déjà esquissait le geste de s'asseoir, se redressant à l'observation de Ventroux. — Pourquoi donc pas?

VENTROUX, sur un ton pincé. — Après la campagne que vous avez menée contre moi!...

HOCHEPAIX. — Oh! oh! « la campagne »!

VENTROUX. — Vous m'avez traité partout de vendu! de pourri! de mouchard! de résidu de la décadence!

HOCHEPAIX, vivement en étendant les mains comme pour enserrer celles de Ventroux. — Ça n'enlève rien à l'estime, croyez-le bien!

VENTROUX, caustique. — Ah! très touché!

En voyant Hochepaix qui esquisse le mouvement de s'asseoir, il fait mine de s'asseoir aussi mais se redresse aussitôt, en voyant qu'Hochepaix s'est arrêté dans son mouvement.

HOCHEPAIX. — Qu'est-ce que vous voulez! je l'avoue, vous n'étiez pas mon candidat!

Il fait mine de s'asseoir.

VENTROUX. — Je m'en suis aperçu.

Il fait mine de s'asseoir mais se redresse en voyant qu'Hochepaix ne s'est pas assis.

HOCHEPAIX. — Ben oui, mon homme à moi, c'était le marquis de Berneville.

VENTROUX. — Mais c'est votre droit!

HOCHEPAIX. — Vous comprenez: c'est un vieil ami à moi; et puis il est socialiste unifié, comme

moi! Ajoutez à cela que c'est lui qui a tenu ma fille sur les fonts baptismaux...

VENTROUX. — Vous m'en direz tant.

HOCHEPAIX. — Enfin un tas de raisons! (Faisant mine de s'asseoir et se redressant aussitôt; même jeu de la part de Ventroux.) Sans compter celle-ci, qu'il est plusieurs fois millionnaire et que l'intérêt de mes administrés...! Vous devez comprendre, n'est-ce pas...?

VENTROUX. — Mais, je vous en prie, ne vous défendez pas!

HOCHEPAIX. — D'autant qu'en somme c'est vous qui avez été élu.

VENTROUX. — Ce qui pour moi est l'important.

HOCHEPAIX. — Évidemment! (Même jeu de faire mine de s'asseoir et de se relever aussitôt chez les deux hommes.) D'ailleurs tout ça, c'est le passé! Il n'y a plus ici un candidat et un électeur, mais le maire de Moussillon-les-Indrets qui vient trouver amicalement son député pour lui soumettre un desideratum de ses administrés et le prier de s'y intéresser auprès du ministre compétent. Je n'ai pas douté un instant de votre bon accueil.

VENTROUX. — Et vous avez eu raison! (Face à lui, dos au public.) La meilleure preuve, c'est que je le disais tout à l'heure à Mme Ventroux...

HOCHEPAIX. — Oh! pardon! Je ne vous ai pas demandé de ses nouvelles. Est-ce que je n'aurai pas le plaisir de lui être présenté?

VENTROUX, s'écartant, de façon à être n° 2. — Oh! vous tombez mal! ma femme est en train de s'habiller; et, vous savez, quand les femmes sont à leur toilette, ça dure longtemps!

HOCHEPAIX, gagnant la gauche. — Oh! c'est dommage!

VOIX DE CLARISSE, à la cantonade. — Ah! vous trouvez que vous avez enlevé les tasses!... vous trouvez que vous avez enlevé les tasses!

VENTROUX, remontant à la voix de Clarisse et parlant aussitôt sur elle. — Ah! bien, non, tenez! je la calomniais! j'entends sa voix. (Redescendant.) Déjà prête! c'est un miracle!

HOCHEPAIX. — Oh! bien, je serai enchanté...!

Scène VI

LES MÊMES, CLARISSE, VICTOR

CLARISSE, toujours dans la même tenue que précédemment, surgissant du vestibule, suivie de Victor; elle va droit au petit guéridon. — Oui? eh bien, venez voir comme vous avez enlevé les tasses!

VENTROUX, se retournant tout en parlant. — Ma chère amie, je... (Apercevant la tenue de sa femme.) Ah!

CLARISSE, sursautant au cri de Ventroux et, instinctivement, pirouettant sur elle-même pour se sauver; elle donne ainsi contre le canapé sur lequel elle tombe à genoux. — Ah!... Oh! Tu m'as fait peur.

VENTROUX, se précipitant vers elle. — Nom d'un petit bonhomme! veux-tu fiche le camp! veux-tu fiche le camp!

CLARISSE, étonnée et en se remettant debout. — Qu'est-ce qu'il y a?

VENTROUX. — Tu n'es pas folle? tu viens ici en chemise quand j'ai du monde?

CLARISSE, à Hochepaix, par-dessus l'épaule de Ventroux. — Oh! pardon, monsieur! je n'avais pas entendu sonner!

HOCHEPAIX, galant. — Mais, madame, je ne me plains pas !

VENTROUX, reculant un peu, pour donner libre cours à ses gestes d'indignation. — Tu n'as pas honte ! te montrer comme ça, avec un domestique à tes trousses !

CLARISSE, à mi-voix à Ventroux, et sur le ton le plus naturel. — Mais non, c'est parce que Victor n'avait pas enlevé les tasses. (A Victor.) Tenez, mon garçon, regardez comme vous avez enlevé les tasses.

VENTROUX, hors de ses gonds. — Mais, je m'en fous des tasses. (A Victor.) Voulez-vous me foute le camp, vous ! (Il le pousse dehors.)

VICTOR. — Oui, monsieur !

CLARISSE, descendant vers Hochepaix pendant que Ventroux exécute son jeu de scène avec Victor. — Oui, parce que je ne sais pas si vous êtes comme moi, monsieur ? mais quand je vois des tasses...

VENTROUX, sautant sur sa femme et la faisant passer n° 3. — Oui, oui, c'est bon ! Allez ! hope ! hope ! va-t'en !

CLARISSE, roulée pour ainsi dire dans les bras de Ventroux qui la pousse vers la porte du fond. Se dégageant. — Ah ! mais je t'en prie, ne me parle pas comme ça ! Je ne suis pas un chien !

VENTROUX, remontant en s'arrachant les cheveux, dos au public. — Oh !

CLARISSE. — C'est vrai ça ! (Changeant brusquement de physionomie et très aimable, à Hochepaix en descendant vers lui tandis que Ventroux referme la porte du fond.) Monsieur Hochepaix sans doute ?

HOCHEPAIX, à gauche de la table. — Oui, madame, oui !

VENTROUX, se retournant abasourdi par l'inconscience de sa femme. — Quoi ?

CLARISSE, très maîtresse de maison. — Enchanté, monsieur ! Asseyez-vous donc, je vous prie !

En ce disant, elle s'assied à droite de la table, tandis qu'Hochepaix s'assied à gauche et face à Clarisse.

VENTROUX, courant à sa femme. — Ah ! non, non ! tu n'as pas la prétention de recevoir dans cette tenue !

CLARISSE, sans se déconcerter, se levant. — Oh ! En effet ! c'est un peu incorrect !

VENTROUX, au public, en haussant les épaules. — Incorrect !

CLARISSE. — Mais vraiment il fait si chaud ! (Appliquant ses deux mains à plat sur le dos des deux mains de Hochepaix que celui-ci a sur la table.) Tenez, tâtez mes mains, si j'ai la fièvre !

VENTROUX, écartant de grands bras. — C'est ça ! c'est ça ! tu vas recommencer comme avec Deschanel !

CLARISSE, toujours ses mains sur celles de Hochepaix, son buste ainsi penché par-dessus la table. — Mais quoi ? c'est ses mains ! c'est pas ses cuisses !

HOCHEPAIX. — Comment ?

CLARISSE. — Pour lui montrer combien les miennes sont brûlantes.

HOCHEPAIX, ahuri, se méprenant. — Vos c...?

CLARISSE, comprenant aussitôt la confusion de Hochepaix et corrigeant vivement. — Mes mains ! mes mains !

HOCHEPAIX. — Ah !

VENTROUX, saisissant sa femme par le bras et l'envoyant n° 3. — Oui ! Eh ! bien, il s'en fiche, M. Hochepaix ! il s'en fiche de tes mains.

HOCHEPAIX, vivement, très galant. — Mais pas du tout !

CLARISSE, en se frottant son bras meurtri par la brutalité de son mari. — Là, tu vois !

VENTROUX, éclatant, et en marchant sur sa femme de façon à la faire remonter. — Oui ! Eh ! bien, en voilà assez ! je te prie de t'en aller !

CLARISSE, tout en remontant. — C'est bien ! c'est bien ! mais alors c'était pas la peine de me demander d'être aimable.

VENTROUX, redescendant. — Eh ! Qui est-ce qui te demande d'être aimable ?

CLARISSE. — Comment qui ? Mais toi ! toi ! C'est toi qui m'as bien recommandé : « Et si tu vois M. Hochepaix... »

VENTROUX, flairant la gaffe, ne faisant qu'un bond vers sa femme, et vivement à voix basse. — Oui, bon ! bon ! Ça va bien !

CLARISSE, sans merci. — Il n'y a pas de : « Bon, bon ! ça va bien ! » (Poursuivant.) « ... je te prie au contraire d'affecter la plus grande amabilité !... »

VENTROUX, allant protester vers Hochepaix. — Moi ! Moi ! mais jamais de la vie ! jamais de la vie !

CLARISSE, de même. — C'est trop fort ! tu as même ajouté : « Ça a beau être le dernier des chameaux... »

VENTROUX, avec le mouvement du corps d'un monsieur qui recevrait un coup de pied quelque part. — Oh !

HOCHEPAIX, avec une inclination de tête qu'accompagne un sourire de malice. — Ah ?

CLARISSE, poursuivant sans pitié. — « ... n'empêche que c'est un gros industriel qui occupe de cinq à six cents ouvriers, il est bon de se le ménager ! »

VENTROUX, parlant en même temps que Clarisse et de façon à couvrir sa voix. — Mais non ! mais non ! Mais jamais de la vie ! jamais de la vie je n'ai parlé de ça ! Monsieur Hochepaix ! vous ne croyez pas, j'espère...?

HOCHEPAIX, indulgent. — Ah ! bah ! quand vous auriez dit...!

VENTROUX. — Mais non ! mais non !

CLARISSE. — Monsieur Hochepaix ! j'espère que vous me faites l'honneur de me croire ?

VENTROUX, au comble de l'exaspération, se retournant vers sa femme. — Ah ! et puis, toi, tu m'embêtes ! (Lui désignant la porte.) Allez, fous-moi le camp ! Fous-moi le camp !

CLARISSE, tout en remontant. — Ah ! mais dites donc ! je te prie de me parler autrement !

VENTROUX, n'admettant plus de réplique. — Allez ! allez ! débarrasse le plancher !

CLARISSE, obéissant tout en voulant avoir raison. — Oui, mais quant à dire que tu n'as pas dit...

VENTROUX, de même. — Allez ! hop ! hop ! file.

CLARISSE. — Il n'y a pas de « hop ! hop ! » Si tu ne sais plus ce que tu dis !

VENTROUX, la poussant dehors. — Mais vas-tu filer à la fin !

CLARISSE, effrayée, se sauvant. — Oh !

VENTROUX, referme violemment la porte et redescend, exaspéré. — Oh !

A peine est-il redescendu que la porte se rouvre.

CLARISSE, redescendant dans le dos de Ventroux. — Je ne vous ai pas dit au revoir, monsieur Hochepaix ! très heureuse !...

HOCHEPAIX, s'inclinant. — Madame !

VENTROUX, pirouettant sur lui-même à la voix de sa femme, et comme s'il allait sauter sur elle. — Mais, nom de d'là, veux-tu...!

CLARISSE, détalant, effrayée. — Oh !... mais je dis au revoir, voyons !

VENTROUX, reste un instant comme abruti par les émotions, se prend le front comme pour l'empêcher d'éclater, puis descendant vers Hochepaix qui est devant la table. — Je suis indigné, monsieur ! je suis indigné !

HOCHEPAIX, avec désinvolture. — Oh! ben!...

VENTROUX (2). — Monsieur Hochepaix, ne croyez pas un mot de tout ça! C'est une plaisanterie! « Le dernier des chameaux! »Vous ne supposez pas que j'aie jamais dit...!

HOCHEPAIX. — Bah! laissez donc! je vous ai bien traité de vendu, de pourri, de résidu de la décadence!

VENTROUX. — Oui, je sais bien! je serais en droit! mais tout de même...! C'est comme ma femme, je vous prie de l'excuser; vraiment elle s'est présentée d'une façon...!

HOCHEPAIX, très talon rouge. — Mais... tout à son avantage!

VENTROUX. — Vous êtes trop galant! N'empêche, croyez bien qu'elle n'a pas l'habitude de traîner dans cette tenue; mais, véritablement, aujourd'hui il fait si chaud, n'est-ce pas? elle est presque excusable! Vous avez senti ses mains, vous avez pu voir...!

HOCHEPAIX. — Oui, oui!

VENTROUX. — D'ailleurs, moi-même!... tâtez les miennes! (Lui manipulant la main entre les deux siennes.) elles sont tout en moiteur!

HOCHEPAIX, retirant sa main pour se soustraire au contact de celles de Ventroux et l'essuyant contre l'étoffe de son vêtement. — Ah! oui!... oui!

VENTROUX. — C'est très désagréable!...

HOCHEPAIX, achevant de s'essuyer et avec conviction. — Oui!... oui!... Très désagréable, en effet!

VENTROUX. — Alors, naturellement, ma femme... comme elle avait trop chaud, elle a... elle a éprouvé le besoin de se mettre en... en... comment dirais-je?... Mon Dieu, y a pas deux mots: en... en chemise.

HOCHEPAIX. — Ah! comme je la comprends!

VENTROUX. — N'est-ce pas? (Remontant.) N'est-ce pas?

HOCHEPAIX. — Si je pouvais en faire autant!

VENTROUX, redescendant et sans réfléchir. — Faites donc! faites donc, je vous en prie!

HOCHEPAIX. — Hein? Ah! Non!... non! vraiment, tout de même!...

VENTROUX. — Oui! Oui! évidemment!... Et alors, n'est-ce pas? comme elle n'avait pas entendu sonner, naturellement... elle est entrée.

HOCHEPAIX. — Mais voyons!

VENTROUX. — Elle se croyait seule.

HOCHEPAIX. — Mais c'est évident!... avec le domestique.

VENTROUX, répétant après lui sans réfléchir à ce qu'il dit. — Avec le dom... (Interloqué.) Ah! oui, le... le domestique... (Voulant se donner l'air dégagé.) Oh! mais le domestique, ça, vous pensez bien que... que... il y a une raison.

HOCHEPAIX. — Je pense bien, voyons!

VENTROUX (1). — Ce serait un domestique ordinaire, évidemment!...

HOCHEPAIX. — Évidemment, ce serait un domestique ordinaire!...

VENTROUX. — Mais là!... Ils ont été élevés ensemble.

HOCHEPAIX. — Vous m'en direz tant.

VENTROUX, avec aplomb. — C'est... C'est son frère de lait! (Répétant.) Son frère de lait.

HOCHEPAIX, approuvant. — Son frère de lait.

VENTROUX. — Alors, n'est-ce pas, un frère de lait...!

HOCHEPAIX, remontant à gauche de la table. — Ça ne compte pas, parbleu!

VENTROUX. — C'est ce que je dis: ça ne compte pas!... Ça ne... (Pressé de faire diversion.) Et alors, voyons, de quoi s'agit-il? parce qu'enfin tout ça, c'est des balivernes! Qu'est-ce que vous venez me demander pour vos administrés?

Tout en parlant il s'assied à droite de la table.

HOCHEPAIX, s'asseyant en face de lui. — Eh bien, voilà! C'est à propos de l'express! l'express de Paris, n'est-ce pas? qui s'arrête à Morinville et qui brûle Moussillon-les-Indrets... qui est un centre au moins aussi important.

VENTROUX, approuvant. — Mais comment!

HOCHEPAIX. — Alors, voilà: mes bonshommes se sont mis en tête d'obtenir que l'express s'arrête à notre station.

VENTROUX, hochant la tête. — Ah! diable! c'est difficile!

HOCHEPAIX, sans se déconcerter. — Ne dites pas ça!... On a eu deux fois l'occasion de constater que c'était possible.

VENTROUX. — L'express s'est déjà arrêté?

HOCHEPAIX. — Deux fois!... Une fois à la suite d'un déraillement; une autre, après un sabotage.

VENTROUX. — Ah?

HOCHEPAIX. — Eh! bien, ça n'a pas dérangé grand'chose dans le service.

VENTROUX. — Evidemment... c'est un argument.

HOCHEPAIX. — Seulement, n'est-ce pas? ce sont des éventualités qui n'arrivent pas assez régulièrement, pour que nos voyageurs puissent se baser là-dessus.

VENTROUX. — Oui!... Vous préféreriez un arrêt réglementaire. Ecoutez! Je veux bien m'en occuper! Vous me rédigerez un petit exposé de tout ça! En attendant, pour ne pas oublier, je vais toujours prendre note... (Tout en parlant, il a pris le bloc-notes; écrivant.) Nous disons: Monsieur Ho-che-paix!

HOCHEPAIX, qui s'est levé, et suit des yeux ce qu'il écrit. C'est ça! C'est ça! (Brusquement et vivement.) Ah! non!... non!... paix: (Epelant.) p-a-i-x!

VENTROUX. — Oh! je vous demande pardon! (Corrigeant.) p-a-i-x! p-a-i-x! Croyez bien que c'est sans intention!

HOCHEPAIX, avec bonhomie. — Il n'y a pas de mal! Je suis habitué! C'est la première orthographe qui vient tout de suite à l'idée.

VENTROUX, facétieux. — Comme la plus naturelle!

HOCHEPAIX, riant. — Oui! Oui!

A ce moment on entend un bruit de voix mêlé de chocs d'objets derrière la porte du vestibule. On entend vaguement cet échange de dialogue à la cantonade: entre Clarisse et Victor: « Là! Là! passez-moi la bouillotte! — Voilà! voilà, madame! — Ah! mais tenez-moi! ne me lâchez pas! pas de bêtise! — Je tiens, madame! je tiens!.... » etc... etc.

VENTROUX, qui a prêté l'oreille, parlant sur le dialogue extérieur. — Non, mais, qu'est-ce que c'est que ce potin? vous croyez qu'on peut être tranquille un instant? (Allant brusquement tirer la porte qui s'ouvre à deux battants.*) Enfin, qu'est-ce encore? (Apercevant, perchée sur le sommet d'un escabeau, sa femme dont le haut du corps disparaît derrière le dessus de la porte, tandis que Victor, le corps arc-bouté, les jambes chevauchant les premières marches

(*) En prévision de ce jeu de scène, une seconde avant, l'artiste qui joue Victor devra, dans la coulisse, tirer la ferrure qui fixe le battant droit de façon à ce que la porte puisse s'ouvrir à deux battants.

e l'escabeau, la tient à pleines mains par la croupe. Poussant un cri avec un sursaut en recul qui le porte à droite de la porte.) Ah !

CLARISSE (2), se baissant au cri de son mari de façon à asser la tête ; elle tient une bouillotte à la main. Du ton plus naturel, à Ventroux. — Ah ! c'est toi !

VENTROUX (4), d'une voix étranglée par l'indignation. — h çà ! qu'est-ce que vous faites là ?...

CLARISSE, même jeu. — Eh ! ben, tu vois : j'arrange a pile.

VENTROUX, écumant. — Non, mais vous vous foutez e moi, tous les deux ? Qu'est-ce que c'est que cette açon de tenir madame ?

VICTOR (3). — Pour pas qu'elle tombe.

VENTROUX. — Quoi ?

CLARISSE. — Oui, parce que, quand on ne me ient pas, moi, j'ai le vertige.

VENTROUX, se précipitant sur Victor. — Mais n... de ...! vous ne voyez pas que vous avez vos deux mains ur son... sur ses... c'est indécent !

VICTOR, avec une moue d'insouciance. — Oh !

VENTROUX, le secouant. — Voulez-vous lâcher ça, la fin ! voulez-vous lâcher ça !

Il l'écarte.

CLARISSE, qui manque de perdre l'équilibre. — Oh ! mais fais donc attention, voyons ! tu vas me faire omber.

VENTROUX, la faisant descendre. — Eh bien, descends ! Qu'est-ce que tu as à fiche là-haut ? est-ce que c'est on affaire ?

Il la fait avec brusquerie descendre en scène n° 4.

CLARISSE, qui, aussitôt en bas de l'escabeau, a passé sa ouillotte, à Victor. — Mais c'est parce qu'il ne sait as !

VENTROUX. — Eh bien, qu'il apprenne ! Non, non, ette tenue ! (Descendant vers Hochepaix qui est devant la able et en appelant à lui.) C'est convenable, hein ? C'est onvenable ?... là ! avec le domestique !

HOCHEPAIX. — Oh ! ben !... puisque c'est son frère e lait.

VENTROUX, tressaillant. — Oh !

CLARISSE. — Qui ?

VICTOR. — Moi ?

VENTROUX, bondissant rouge de colère sur Victor. — Oui, vous ! Qu'est-ce que ça veut dire, « moi » ! (Le oussant dehors, ce qui l'envoie donner sur l'escabeau sur equel il manque de tomber.) Allez-vous-en donc ! Qu'est- e qui vous prie de vous mêler de ce qui ne vous egarde pas ?

VICTOR *. — Oui, monsieur.

VENTROUX, fermant la porte sur lui. — Je finirai par le fiche à la porte, cet animal-là ! (Descendant vers Hochepaix.) Je vais vous dire, c'est son frère de lait !... 'est son frère de lait, mais... mais pas du même ère !

Il remonte satisfait de sa trouvaille.

HOCHEPAIX. — Comment, « pas du même père ? »

VENTROUX, interloqué. — Hein ? (Revenant.) Non, on ! je vais vous expliquer ! Quand je dis : « pas u même père », j'entends que... que (Exaspéré de e trouver aucune explication, éclatant.) Ah ! et puis vous m'embêtez avec vos questions ! Est-ce que ça vous regarde ?

HOCHEPAIX. — Mais... mais...

VENTROUX. — Vous devez bien penser que si je tolère ça, c'est que j'ai de bonnes raisons.

(*) Une fois la porte refermée, refixer la ferrure extérieure.

HOCHEPAIX. — Mais je vous ferai remarquer que je ne vous demande rien.

VENTROUX. — Oui, oh ! mais, je sais ce que c'est ! vous ne me demandez rien, et puis une fois là-bas... avec le marquis : « ta-ta-ta ! ta-ta-ta ! » vous allez clabauder !

HOCHEPAIX. — Mais non, mais non, quelle idée !

CLARISSE, à son mari qui tout en parlant est arrivé jusqu'à elle. Très calme. — Je t'assure, mon ami, tu devrais te soigner !

VENTROUX, hors de lui, à sa femme. — Enfin, nom d'un tonnerre ! vas-tu aller t'habiller, toi !

CLARISSE. — Eh ! bien, oui, quoi ? donne-moi le temps.

VENTROUX, remontant. — « Donne-moi le temps ! donne-moi le temps ! » Voilà une heure que...

CLARISSE. — Ben quoi, maintenant que M. Hochepaix m'a vue ! (Remontant (3) au-dessus du canapé, pour s'adresser à Hochepaix (1) qui est remonté également pendant ce qui précède.) Enfin, monsieur Hochepaix ! je suis en chemise, c'est entendu ! mais enfin, est-ce que je suis inconvenante ? est-ce que j'en montre plus qu'en robe de bal ?

HOCHEPAIX, conciliant. — Mais non, madame !

VENTROUX (2), s'asseyant en désespoir de cause sur la chaise à gauche de la porte du fond. — Ah ! vous trouvez, vous !

HOCHEPAIX. — C'est-à-dire même que là, en chemise, avec votre chapeau sur la tête, vous avez presque l'air d'être en visite.

CLARISSE. — Là, tu entends ! C'est vrai ça ! (Virevoltant de façon à se faire voir sur toutes ses faces.) Qu'est- ce qu'on voit ? je vous le demande ?

HOCHEPAIX. — Oh ! rien ! Là, évidemment, je vous vois... en ombre chinoise, parce que vous êtes devant la fenêtre !

VENTROUX, bondissant sur sa femme et la tirant hors de la fenêtre. — Oh !

CLARISSE, dans le mouvement. — Ah ! parce qu'il y a la fenêtre ! (A Ventroux.) Tu es brusque, toi. (A Hochepaix.) Mais sans ça... !

HOCHEPAIX. — Oh ! sans ça, rien !

CLARISSE, s'asseyant sur le canapé. — Là, je ne suis pas fâchée ! (Poussant un grand cri et se relevant d'un bond.) Ah !

HOCHEPAIX. — Quoi ?

VENTROUX. — Quoi ? Qu'est-ce qu'il y a encore ?

CLARISSE, d'une voix angoissée. — Ah ! je ne sais pas ! j'ai senti comme un coup de poignard !...

VENTROUX. — Comme un coup de poignard ?

CLARISSE. — Qui m'est monté au cœur !

En ce disant, elle se retourne, et l'on aperçoit une guêpe écrasée sur le côté gauche de sa chemise, à hauteur de la croupe.

VENTROUX. — Ah ! là ! « au cœur ! » C'est ça que tu appelles ton cœur ! (Retirant la guêpe écrasée et la lui présentant par les ailes.) Tiens, le voilà ton coup de poignard ! C'est une guêpe qui t'a piquée.

Il la dépose par terre et l'écrase avec le pied.

CLARISSE, suffoquée. — Qui m'a piquée ! Ah ! mon Dieu ! j'ai été piquée par une guêpe !

HOCHEPAIX. — Pauvre madame !

VENTROUX, rageusement ravi. — C'est bien fait ! ça t'apprendra à te promener toute nue !

Il descend à l'extrême gauche.

CLARISSE, allant au guéridon. — Voilà ! C'est ta faute ! Qu'est-ce que je t'avais dit, qu'en laissant traîner les tasses... !

VENTROUX, de même. — Eh bien! tant mieux! Ça te servira peut-être de leçon!

CLARISSE, indignée. — « Tant mieux! » il est content! il est content! (Affolée.) Mon Dieu, une guêpe! pourvu qu'elle ne soit pas charbonneuse.

VENTROUX, allant s'asseoir sur la chaise à droite de la table, tandis qu'Hochepaix, pour ne pas se mêler à la conversation, est remonté et affecte d'examiner les tableaux pour se donner une contenance. — Mais non! mais non!

CLARISSE, allant à son mari. — Oh! Julien! Julien, je t'en prie! (Faisant volte-face de façon à lui présenter la croupe et tout en faisant mine de relever sa chemise.) Suce-moi, veux-tu?... Suce-moi!

VENTROUX. — Moi! (La repoussant.) Non, mais tu ne m'as pas regardé!

CLARISSE. — Oh! Julien! Julien! Sois bon! (Revenant à la charge.) Suce-moi, voyons! Suce-moi.

VENTROUX, la repoussant à nouveau, tout en se levant pour descendre à gauche. — Mais fiche-moi la paix, toi!

CLARISSE. — Mais suce-moi, enfin! tu l'as bien fait à Mlle Dieumamour!

VENTROUX, revenant vers Clarisse. — Mais d'abord, elle, c'était à la nuque, ça n'était pas au... Et puis c'était une mouche! c'était pas une guêpe!

Il remonte au fond.

CLARISSE, la voix étranglée par l'émotion. — Mais une guêpe, c'est aussi dangereux! Encore il y a deux jours, dans le journal, tu as vu qu'un monsieur était mort d'une piqûre de guêpe.

VENTROUX. — Mais ça n'a aucun rapport! C'est en buvant! Il est mort étouffé.

CLARISSE, près du fauteuil à côté de la cheminée. — Mais je vais peut-être étouffer. Ah! j'étouffe! j'étouffe!

VENTROUX, peu troublé, en s'asseyant sur le canapé. — Mais non! mais non! C'est une idée!

CLARISSE. — Si! Si! (Se laissant tomber sur le fauteuil, et se relevant aussitôt en poussant un cri de douleur.) Ah! (Allant à son mari.) Oh!... Je t'en supplie, Julien! (Se retournant comme précédemment de façon à lui présenter sa croupe.) suce-moi, voyons! suce-moi!

VENTROUX, la repoussant n° 2. — Mais non! mais non! tu m'embêtes!

CLARISSE, affolée. — Oh! sans cœur, va! sans cœur! (Ne sachant à quel saint se vouer.) Ah! mon Dieu! mon Dieu! Apercevant Hochepaix redescendu à l'extrême gauche et toujours plongé dans l'examen des bibelots.) Ah!... (Descendant vers lui.) Monsieur Hochepaix!...

HOCHEPAIX, se retournant vers elle. — Madame?

CLARISSE, se retournant pour lui présenter sa croupe. — S'il vous plaît, monsieur Hochepaix! s'il vous plaît!

HOCHEPAIX. — Moi!

VENTROUX, bondissant sur elle et l'entraînant par le poignet sans changer de numéro. — Ah çà! tu n'es pas folle! tu vas demander à M. Hochepaix, maintenant?

CLARISSE. — Eh! bien, quoi? J'aime mieux ça que de risquer la mort!

HOCHEPAIX. — Certainement, madame, je suis très honoré, mais vraiment!...

CLARISSE, revenant à Hochepaix. — Monsieur Hochepaix, au nom de la charité chrétienne!...

VENTROUX, la saisissant par le bras et la faisant pivoter sur elle-même. — Non, mais t'as pas fini?

CLARISSE, qui par ce mouvement se trouve tournée pour se présenter à Hochepaix comme il convient dans l'occurrence. — S'il vous plaît?... S'il vous plaît?

HOCHEPAIX. — Je vous assure, madame, vraiment! sans cérémonie!

VENTROUX, éclatant, et l'entraînant au milieu de la scène, toujours sans changer de numéro. — Ah! et puis fiche-nous la paix, avec tes « s'il vous plaît!... s'il vous plaît!... » Va faire ça toi-même!

Il la lâche et gagne la droite.

CLARISSE, avec des larmes dans la voix. — Mais, est-ce que je peux!

VENTROUX, revenant sur elle. — Eh ben! Va mettre une compresse! et ne nous rase pas! « S'il vous plaît! s'il vous plaît! »

CLARISSE, lui crispant ses mains devant la figure. — Ah! Va-t'en, toi! Va-t'en! je ne veux plus te voir! et si je meurs, que ma mort retombe sur toi!

VENTROUX, s'asseyant sur le fauteuil à droite de la scène. — Eh! bien, c'est ça! c'est entendu!

CLARISSE, au moment de sortir au fond. — Voilà des hommes, tenez! Voilà des hommes! (Sortant précipitamment par le fond, en appelant:) Victor! Victor!

Elle referme la porte sur elle.

Scène VII

VENTROUX, HOCHEPAIX

VENTROUX, effondré sur son fauteuil. — Non, elle est à lier, ma parole! elle est à lier!

HOCHEPAIX, debout devant la table de gauche, après une seconde d'hésitation. — Monsieur Ventroux!

VENTROUX. — Quoi?

HOCHEPAIX. — Vous m'excusez, n'est-ce pas, de n'avoir pas cru devoir...

VENTROUX, n'en croyant pas ses oreilles. — Quoi?

HOCHEPAIX. — Mais vraiment, nous ne sommes pas encore assez liés...!

VENTROUX. — Mais comment! Ah! ben!

HOCHEPAIX. — N'est-ce pas? C'est ce que j'ai pensé.

VENTROUX. — Il n'aurait plus manqué que ça!...

VOIX DE CLARISSE, à la cantonade. — Oui; eh! bien, je vais un peu le dire à monsieur! je vais un peu le dire à monsieur!

VENTROUX. — Allons bon, qu'est-ce qu'elle a fabriqué encore?

Scène VIII

LES MÊMES, CLARISSE, VICTOR

CLARISSE, surgissant et dos au public, à Victor qui la suit. — Vous êtes tous des lâches! (Se tournant en même temps vers son mari et vers Hochepaix.) Vous êtes tous des assassins!... Et Victor ne vaut pas mieux que vous!

VENTROUX. — Quoi? Quoi? Qu'est-ce qu'il y a encore?

CLARISSE, derrière le canapé. — Lui non plus n'a pas voulu sucer!

VENTROUX, bondissant. — Victor!

VICTOR, penaud, dans l'embrasure de la porte. — J'ai pas osé, monsieur!

VENTROUX. — Enfin, nom d'un chien! est-ce que tu vas aller comme ça t'offrir à sucer à tout le monde?

CLARISSE. — Oh! ça m'élance! ça m'élance! Je dois avoir une fluxion.

VENTROUX. — Eh! bien, si tu as une fluxion, va chez le dentiste!

CLARISSE. — Mais c'est pas dans la bouche!

VENTROUX. — Eh! ben, va chez le médecin!

CLARISSE. — Ah! oui! oui! il y a un docteur dans la maison, au-dessus!...

VENTROUX, bourru, s'asseyant sur le fauteuil qu'il vient de quitter. — Eh! C'est pas un docteur! c'est un officier de santé! il n'a pas le droit au titre.

CLARISSE. — Ça m'est égal, il a fait de la médecine. Vite, Victor, montez et ramenez-le!

VICTOR. — Bien, madame!

CLARISSE, la main sur la partie endolorie. — Oh! je vais mettre une compresse! je vais mettre une compresse.

Elle rentre ainsi dans sa chambre.

VICTOR, sur le pas de la porte, après un instant d'hésitation, une fois qu'il a constaté la sortie de Clarisse. — Monsieur ne m'en veut pas, au moins, de ne pas avoir...

VENTROUX, bondissant. — Hein! Lui aussi! (Le poussant dehors.) Voulez-vous!... voulez-vous chercher l'officier de santé!

VICTOR, s'élançant vers la porte sur palier, sans refermer la porte du salon. — Oui, monsieur, oui!

Au moment où il va ouvrir la porte sur palier, on sonne et Victor va donner dans de Jaival qui est dans l'embrasure attendant qu'on ouvre.

Scène IX

LES MÊMES, ROMAIN DE JAIVAL

DE JAIVAL. — Ah! ben, on n'est pas long à ouvrir!

VICTOR. — Monsieur?

DE JAIVAL. — M. Ventroux, s'il vous plaît?

VENTROUX, du salon. — C'est ici. Vous désirez, monsieur?

DE JAIVAL. — Ah! pardon! (Descendant en scène.) Je suis M. Romain de Jaival, du Figaro.

VENTROUX. — Ah! parfaitement, monsieur! (A Victor qui est au seuil du salon.) Eh! bien, allez-vous-en!

VICTOR. — Oui, monsieur.

Il sort et referme la porte sur lui.

VENTROUX (3). — Qu'y a-t-il pour votre service?

DE JAIVAL (2). — Voici: je vous suis envoyé par mon journal pour vous demander une interview.

VENTROUX. — Aha!

DE JAIVAL. — Sur la politique en général... comme vos derniers discours vous ont mis très en vue...!

VENTROUX, flatté. — Ah! Monsieur...

DE JAIVAL. — Je dis ce que tout le monde pense!... et en particulier sur le projet de loi dont vous êtes un des promoteurs : « LES ACCOUCHEMENTS OUVRIERS ». L'accouchement gratuit et l'état sage-femme.

VENTROUX. — Oui, oh! très intéressant! et qui me tient très à cœur.

DE JAIVAL. — Seulement je voudrais faire quelque chose de pimpant, de pittoresque, de pas tout le monde! Je m'attache à faire des chroniques brillantes; si vous m'avez déjà lu...!

VENTROUX. — Mais, certainement, certainement! monsieur de...

DE JAIVAL. — Jaival!... Romain de Jaival!

VENTROUX. — De Jaival, parfaitement! Eh bien, mais je suis à votre disposition. Seulement, j'ai une petite affaire à terminer avec monsieur. (Présentant.) Monsieur Hochepaix.

DE JAIVAL, s'inclinant. — Hochepaix?

HOCHEPAIX, vivement. — P-a-i-x !

VENTROUX. — Maire de Moussillon-les-Indrets!

DE JAIVAL. — Oh! parfaitement, je connais!

HOCHEPAIX, étonné et flatté. — Moi?

DE JAIVAL. — J'y ai souvent pêché à la ligne.

HOCHEPAIX. — Ah! à Moussillon-les... oui, oui! Non, je comprenais... Oui, oui!

VENTROUX. — Alors, si vous voulez m'attendre un instant, nous passons, monsieur et moi, dans mon cabinet; dans cinq minutes, je suis à vous.

DE JAIVAL. — Mais je vous en prie! Vous permettrez seulement que je m'installe à cette table; je prendrai quelques notes pendant ce temps-là.

VENTROUX, très aimable. — Vous êtes chez vous!

DE JAIVAL, descendant pour contourner la table et aller s'asseoir sur la chaise à gauche de celle-ci. — Pardon!

VENTROUX. — Venez, mon cher maire!... de Moussillon-les-Indrets!

HOCHEPAIX. — Tout à vous, mon cher député.

Ils sortent pan coupé à gauche.

Scène X

DE JAIVAL, CLARISSE, puis VENTROUX et HOCHEPAIX

De Jaival s'est installé à la table, a tiré son calepin, et, jetant un coup d'œil circulaire, de façon à s'imprégner du cadre, inscrit quelques notes.

VOIX DE CLARISSE, à la cantonade. — Il n'est pas encore là? (Sortant de sa chambre et descendant en scène sans voir de Jaival attablé.) Mais enfin qu'est-ce qu'il fait, cet homme?

DE JAIVAL, ne pouvant réprimer un petit cri d'étonnement en voyant paraître une femme en chemise. — Oh!

CLARISSE, se retournant au son de la voix. — Ah! le voilà! (Allant à de Jaival.) Oh! vite! vite! docteur!

DE JAIVAL, étonné de cette dénomination. — Comment?

CLARISSE, le prenant par la main et l'entraînant vers la fenêtre. — Vite, vite, venez voir.

DE JAIVAL, se laissant conduire. — Que je vienne voir? Quoi donc, madame?

CLARISSE. — Où j'ai été piquée.

DE JAIVAL. — Où vous avez été piquée?

CLARISSE, faisant manœuvrer le store. — Tenez, nous allons tirer le store pour que vous voyiez plus clair.

DE JAIVAL, sans comprendre où elle veut en venir. — Ah?... Oui, madame, oui.

CLARISSE. — Vous verrez, docteur!...

DE JAIVAL, l'arrêtant. — Mais, pardon, madame! pardon! je ne suis pas docteur!

CLARISSE, derrière le canapé. — Oui, oui, je sais! vous n'avez pas le titre! Ça n'a aucune importance. Tenez, regardez!

Elle se retrousse.

DE JAIVAL, qui est face au public, se retourne à l'invite et sursautant d'ahurissement. — Ah!

CLARISSE, toujours retroussée, le corps courbé en avant, le bras droit appuyé sur le dossier du canapé. — Vous voyez?

DE JAIVAL, d'une voix rieuse et étonnée. — Ah! oui, madame!... Ça, je vois!... Je vois!!

CLARISSE. — Eh bien?

DE JAIVAL, ravi, au public. — Tout à fait pittoresque! pimpant! Quel chapeau de chronique!

CLARISSE, tournant la tête de son côté, mais sans changer de position. — Comment?

DE JAIVAL. — Vous permettez que je prenne quelques notes?

CLARISSE. — Mais non, mais non, voyons!... Tenez, touchez!

DE JAIVAL. — Que je...

CLARISSE. — Touchez, quoi? rendez-vous compte!

DE JAIVAL, de plus en plus surpris. — Ah?... Oui, madame! Oui. (Il est face au public, et, de la main gauche renversée, il palpe Clarisse du côté droit. A part.) Très pittoresque!

CLARISSE. — Mais, pas là, monsieur! c'est l'autre côté!

DE JAIVAL, transportant sa main de l'autre côté. — Oh! pardon!!

CLARISSE. — Vous voyez comme c'est enflé!

DE JAIVAL. — Oui! chaud! très chaud!

CLARISSE. — J'ai été piquée par une guêpe.

DE JAIVAL. — Là? Oh!... quel aplomb!

CLARISSE. — L'aiguillon doit être sûrement resté.

DE JAIVAL. — Est-il possible!

CLARISSE. — Voyez donc!

DE JAIVAL, se faisant à la situation. — Ah! que je...? Oui, madame, oui!

Il se fixe son monocle dans l'œil et s'accroupit.

CLARISSE. — Vous l'apercevez?

DE JAIVAL. — Attendez! Oui, oui! Je le vois!

CLARISSE. — Ah? Ah?

DE JAIVAL. — Oui, oui! même il dépasse tellement, que je crois qu'avec les ongles...

CLARISSE. — Oh! essayez, docteur, essayez!

DE JAIVAL. — Oui, madame, oui!

A ce moment, sort du cabinet de travail, Hochepaix, suivi de Ventroux.

HOCHEPAIX, à la vue de la scène. — Ah!

VENTROUX, scandalisé. — Oh!

Il se précipite sur Hochepaix et lui fait faire volte-face.

CLARISSE, sans se troubler, ni changer de position. — Dérangez pas! Dérangez pas!

DE JAIVAL, arrachant l'aiguillon, et se relevant. — Tenez, madame! le voilà! le voilà, le mâtin!

VENTROUX, bondissant sur de Jaival et l'envoyant pirouetter n° 2. — Ah! ça, voulez-vous, vous...!

CLARISSE et DE JAIVAL, en même temps. — Qu'est-ce qu'il y a?

VENTROUX. — Tu fais voir ton derrière à un rédacteur du Figaro!

CLARISSE. — Du Figaro! du Figaro!

VENTROUX, furieux. — Oui, monsieur Romain de Jaival, du Figaro!

CLARISSE, passant 3 pour marcher sur de Jaival à croire qu'elle va l'attraper. — De Jaival! Vous êtes monsieur de Jaival! (Changeant de ton, et bien lent.) Oh! monsieur! que vous avez fait une chronique amusante, hier, dans votre journal! (A son mari.) N'est-ce pas?

VENTROUX, levant de grands bras. — Voilà!.. Voilà! Ça n'a pas plus d'importance que ça, pour elle! (A ce moment, ses yeux se portent sur la fenêtre, dont le store est grand tiré. Poussant un cri strident.) Ah!... Clemenceau! (Redescendant comme un homme ivre.) Clemenceau!

CLARISSE, regardant dans la direction indiquée. — Ah! tiens, oui!

Elle adresse des sourires et des « bonjour » de la tête au personnage invisible en question.

VENTROUX. — Et il rit! il ricane! (Tombant sur le canapé.) Ah! je suis foutu! Ma carrière politique est dans l'eau!

CLARISSE, pendant que le rideau tombe, adressant des petits saluts à Clemenceau. — Bonjour, M. Clemenceau! mais très bien, M. Clemenceau! et vous de même, M. Clemenceau? Ah! tant mieux! tant mieux, M. Clemenceau!

RIDEAU

AVIS. — Pour les guêpes artificielles s'adresser à la maison Bérard, 8, rue de la Michodière.

Hochepaix.   De Jaival. Victor.   Clarisse. Ventroux.   PHOT. BERT
Ventroux: « Il rit? il ricane! »

Cette « piquante et substantielle comédie » rappelle aussi *la Parisienne* M. Paul Souday qui écrit, dans *Éclair* :

« Seulement, le faire d'Henry Becque était mordant et âpre : celui de Tristan Bernard et de M. Michel Corday est nonchalant et doux. Une grande indulgence, une sympathie amusée, et un peu dédaigneuse pour les individus, n'empêchent pas de voir tout le ridicule des combinaisons où même leur désir de s'arranger une vie confortable : ces gens-là ne sont pas méchants, ils sont même aimables et gentils ; il serait excessif de s'indigner, mais il faut en rire. »

M. Edmond Sée, dans *Gil Blas*, que cette petite comédie tendre comiquement, comiquement émouvante.

Et M. J. Ernest-Charles observe, dans l'*Opinion*, que MM. Tristan Bernard et Michel Corday nous conduisent une fois de plus dans ce monde complètement amoral qui est presque le seul que l'on soit admis à fréquenter au théâtre :

« Quel monde ! Oui, certes, quel monde ! Mais Tristan Bernard et Michel Corday suppriment toute morale, suppriment toute perversité. Leurs héros sont inoffensifs. Ils sont innocents. On ne songe pas à leur faire aucun reproche. Ils ont été créés tels. Et « ils ne savent pas ». Au reste, les collaborateurs ont, comme vous le savez, beaucoup de finesse spirituelle. Et on se demande parfois si leur pièce est une fantaisie énorme ou d'une profonde vérité humaine. On hésite. Mais on est séduit. Et on accepte tout des personnages parce qu'on accepte tout des auteurs. »

Pour M. Régis Gignoux (*Paris-Journal*) cette œuvre si solide et légère, si complète et précise, doit se placer, malgré sa désinvolture apparente, parmi les plus importantes et les plus achevées du théâtre contemporain.

**

Et ce fut admirablement joué. M. Signoret a marqué, avec un art supérieur des nuances, d'abord la nonchalance, l'indécision, et puis la joyeuse assurance de son personnage ; M. Henry Lamothe a la rondeur victorieuse qui convient ; M. Guyon a campé une extraordinaire silhouette d'employé grincheux et sarcastique ; enfin, Mᵈᵉ Yvonne de Bray a déployé, avec un parfait naturel, la grâce, la simplicité, l'insouciance qui sont celles mêmes de la gentille Alberte.

Mais n'te promène donc pas toute nue !

EN même temps qu'il imaginait ce titre exclamatif, à tournure expressivement familière, Georges Feydeau faisait à sa comédie la peu avantageuse réclame avertir le public qu'elle n'était pas une pièce grivoise ou... à spectacle ; le titre de cet acte n'étant que l'exclamation indignée d'un mari exaspéré par sa femme qui n'est jamais habillée.

On eût été bien surpris, d'ailleurs, que M. Georges Feydeau eût tenté attirer le public par des moyens qui ne fussent pas parfaitement sains et francs. Au surplus, ses œuvres n'ont nullement besoin de cela ; elles ont pour elles beaucoup mieux : la force attractive du rire.

Précisément, les critiques, après avoir enregistré le succès de fou rire obtenu par *Mais n'te promène donc pas toute nue !* insistent même sur ce don prodigieux qu'a M. Georges Feydeau de dégager, de la scène la plus ordinaire et par les moyens les plus simples, une puissance comique incomparable.

M. Adolphe Aderer, dans le *Petit Parisien*, M. Georges Boyer, dans le *Petit Journal*, font remarquer quel courant de joie drue, violente, gauloise, à laquelle, quoi qu'on en ait, on ne saurait point résister, traverse cet acte de la première à la dernière page.

Ce n'est qu'un tableau d'intérieur bourgeois, écrit M. Félix Duquesnel, dans le *Gaulois*, mais M. Georges Feydeau y excelle avec de ces trouvailles qui font de lui un auteur comique si exceptionnel :

« L'analyse est impossible à faire, parce que voilà une pièce où, comme dit Gribouille, « il n'y a pas de pièce ». Il y a mieux, d'ailleurs : un mouvement endiablé, un dialogue irrésistible, des mots qui jaillissent et rebondissent, de la satire bon enfant et de l'ironie joviale. »

M. Camille Le Senne déclare, de son côté, dans l'*Action*, qu'il ne se lasse pas d'admirer avec quelle facilité et quelle virtuosité extraordinairement souples, l'auteur de *la Dame de chez Maxim* exploite, triture, amalgame, repétrit, malaxe, rénove le schéma originel qui, dès le premier jour, s'est inscrit dans son cerveau :

« ... Une simple querelle de ménage, amorcée par un motif futile, tournant à la crise aiguë, et au paroxysme au milieu de laquelle survient l'intrus de grande marque, le personnage important dont l'importance même fera un contraste démesurément comique avec la bouffonnerie de la situation. Notons aussi la préoccupation scénique de combiner le costume moderne avec des détails imprévus constituant un véritable travestissement...

» Au demeurant, cette pièce est une farce se reliant à la grande lignée des farcistes et de Molière lui-même. »

M. Henry Bordeaux remarque, dans la *Revue hebdomadaire*, que dans cet acte, M. Georges Feydeau a, comme dans *On purge bébé*, poussé au paroxysme de la gaieté le type de la femme logique dans son illogisme et qui excelle à imprimer aux discussions conjugales un tour inattendu, des raisonnements plausibles conduits à la démence sans qu'on puisse savoir où le déraillement a commencé...

M. Abel Hermant juge également, dans le *Journal*, que ce grand acte est de la même veine que *On purge bébé*, qui ne laisse point d'ailleurs d'être aussi savamment composé que *la Dame de chez Maxim* ou *Occupe-toi d'Amélie* ; mais on n'y prend point garde à l'entendre, on est emporté par le torrent :

« C'est de la bonne prose abondante, cocasse et si française ! »

M. Léon Blum déclare, de son côté, dans *Comœdia*, que cet acte déborde littéralement d'imagination comique :

« La quantité d'effets de dialogue que M. Feydeau peut tirer d'une querelle conjugale, le nombre d'effets de situation que peut lui fournir une femme qui se promène dans un appartement vêtue d'une chemise de nuit et d'un chapeau, sont quelque chose qui provoquera toujours mon admiration ébahie. Je commence à m'apercevoir d'ailleurs que M. Feydeau a créé un type de femme assez voisin de certains types de M. Georges Courteline, mais qui est tout de même bien à lui. Il est le légitime inventeur de ces femmes qui savent apporter dans la mauvaise foi un acharnement si ingénu, et une inconscience si candide dans l'impudeur. »

**

Clarisse Ventroux, l'honnête petite bourgeoise qui « se promène toujours toute nue » et qui n'y voit pas de mal, c'est Mᵈᵉ Cassive, l'interprète habituelle de M. Georges Feydeau ; elle y est parfaite de naturelle rondeur et d'inconscience épanouie ; M. Signoret, qui venait d'interpréter avec tant de finesse un des personnages — le principal — de la pièce de MM. Tristan Bernard et Michel Corday, tenait ici et à merveille, par une de ces transfigurations dont il est coutumier, le rôle du mari toujours plus exaspéré par l'incorrigible et sereine impudeur de sa femme ; les autres rôles, d'importance secondaire, étaient encore tenus avec cette correction irréprochable qui était l'évident témoignage qu'un maître de la mise en scène — l'auteur lui-même — avait présidé aux répétitions et en avait réglé les moindres détails.

Gaston Sorbets.

Le directeur : René Baschet.

Imprimerie de *L'Illustration*, 13, r. St-Georges Paris. — L'impr.-gérant : A. Chatenet.

TRENTE-DEUXIÈME TABLEAU

Mais n'te promène donc pas..... trop habillée !

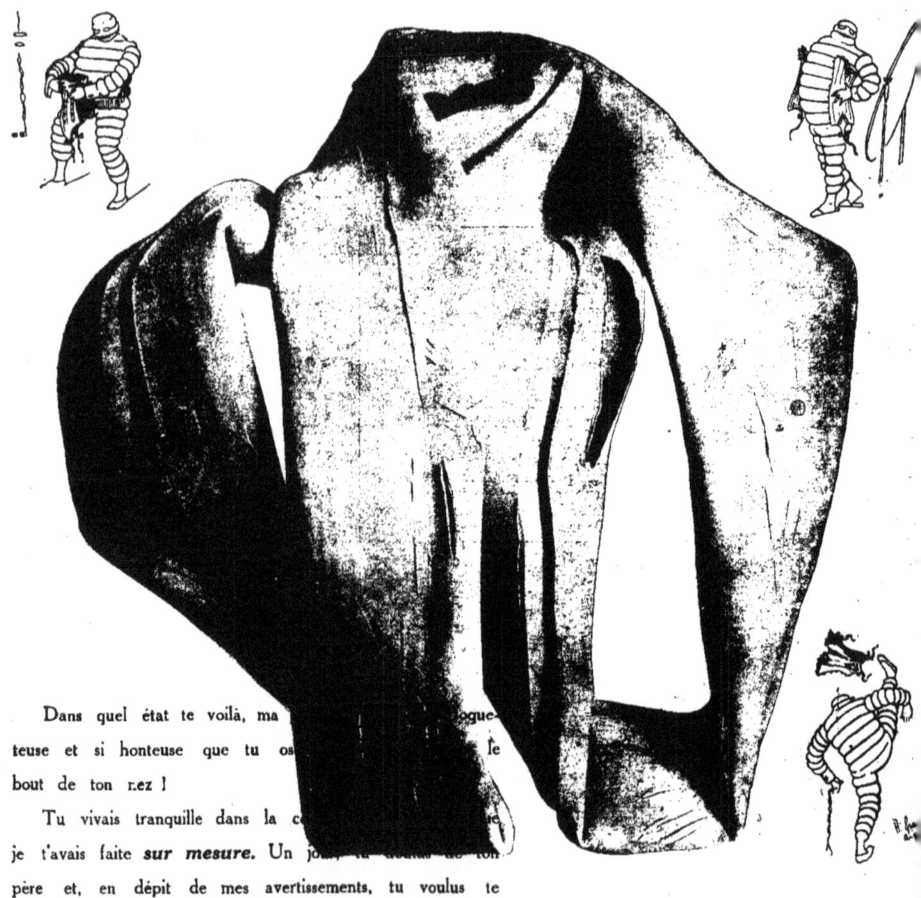

Dans quel état te voilà, ma ... ogueteuse et si honteuse que tu os ...le bout de ton nez !

Tu vivais tranquille dans la c ... je t'avais faite **sur mesure.** Un j ...... père et, en dépit de mes avertissements, tu voulus te couvrir, sous ton enveloppe que tu trouvais dangereusement usagée, d'une sorte de vêtement soi-disant **protecteu**... aussi flatteur et aussi funeste que l'est, pour la femme, le **corset** qui la sangle sous sa robe.

Ton étrange protecteur, usurpant une partie de la place qui t'était due, t'a si bien plissée, pinc... déchiquetée, que tu n'es plus qu'une pauvre chère vieille chose inutilisable.

MORALITÉ. — *Autant que la contre-enveloppe sur l'enveloppe, la contre-chambre s... la chambre est néfaste au pneu.*

MICHELIN